역기능 가정에서 성장한
성인아이 치유 안내서

성인 아이 치유를 위한 12단계

Friends in Recovery
노용찬 · 유재덕 옮김

도서출판 글샘

THE 12 STEPS

FOR ADULT CHILDREN

From Addictive and Other Dysfunctional Families

Friends in Recovery

●

Original Published in the USA by RPI Publishing, INC.,
P.O. Box 1193, Jullian, CA 92036,
under the title "The 12 Steps for Adult Children"
Copyright ⓒ 1987, 1989 , Recovery Publications, Inc.
Korean Copyright ⓒ 1996 by Spring of Letters Publishing Co.
ALL RIGHTS RESERVED

● 이 책을 읽고 궁금하신 점이 있거나 상담을 원하시는 분, 또는 성인아이 치유그룹에 대하여 알고 싶은 분은 도서출판 글샘이나 아래로 연락 주시기 바랍니다.
● 크리스천 라이프센터 기독가족상담소
상담전화 (02)793-7942 면접상담신청 (070)7019-3768
● 라이프성서아카데미
대표전화 (02)793-2147(서호교회)

크리스천라이프센터와 기독가족상담소는건강한 가정생활문화를 이 땅에 정착시키기 위하여 설립되었으며, 이를 위하여 가정문제 전반에 대한 상담과 자녀교육상담, 역기능 가정에서 성장한 성인아이 치유 그룹운영, 및 가정과 관련된 각종 세미나를 개최하고 있습니다.

에드워드, 시실리아
그리고 중독과 투쟁을 벌이는 삶을 살았지만,
결코 해답을 발견한 적이 없는 수많은 이들을 기억하며.

이 책을
회복을 추구할 용기를 얻은 가족들과 친구들에게
특별히 바친다.

12단계의 기독교적 뿌리와
이 책의 활용법

12단계의 기독교적 뿌리

 알코올 중독자치료를 위한 익명 그룹(AA)은 1935년 6월 10일에 윌리엄 그리피스 윌슨(William Griffith Wilson - Bill W.)과 로버트 홀브룩 스미스(Robert Holbrook Smith - Dr. Bob) 박사에 의해 시작되었습니다.

 윌슨은 1934년 과도한 음주로 인하여 병원에 입원해 있는 동안 「알코올 중독자 익명 모임」(Alcoholics Anonymous)의 개념을 생각해 냈습니다. 그는 병원에 있는 동안 영적인 경험을 통하여 술에 대한 욕구를 제거할 수 있었습니다. 그는 그 다음달부터 자신이 경험한 것을 바탕으로 다른 사람들의 음주 문제도 해결해 주려고 시도하였습니다. 그 시도에 첫 번째로 동참해 준 사람이 스미스 박사였는데, 그는 알코올중독으로부터 자유로워지기 위하여 윌슨의 방법을 기꺼이 따르려고 하였습니다. 4년후 윌슨과 스미스는 12단계와 영성을 바탕으로 한 알콜중독 회복프로그램을 담은 「Alcoholics Anonymous」라는 책을 발간하게 되었던 것입니다. 이렇게 해서 처음으로 12단계 프로그램이 개발되었습니다.

 윌슨은 여러 가지 다양한 자료들을 첨가하여 AA 프로그램을 발전시키고 또 기록하였습니다. 여기에 AA 프로그램의 기독교적 기초에 대단히 중요한 역할을 한 분이 영국에서 시작된 옥스포드 그룹(Oxford Group)의 미국 지도자였던 회중교회 목사 사무엘 무어 슈메이커 2세(Samuel Moor Shoemaker, Jr)입니다. 윌슨과 스미스도 옥스포드그룹에 동참하여 AA 프로그램을 기초로 하여 성경을 바탕으로 한 12단계의 구조를 완성하였습니다.

옥스포드 그룹 운동은 1920년대와 1930년에 일차 대전 이후로 일어났던 반종교적인 경향에 대한 혁명적인 대안이 되었습니다. 이 그룹의 목적은 제도와 형식주의로 인하여 무기력해진 교회에 살아 있는 신앙의 불을 당기는 것이었습니다. 옥스포드 그룹은 '조직'(organization)보다는 '사람'(organism)이 더 우선 이라는 슬로건을 내걸고 활동을 하였습니다. 그들은 가정에서, 호텔에서 함께 음식을 나누면서 신앙을 나누었습니다. 이들은 조직보다는 오직 성령의 지도만을 의지한 채 성경의 가르침대로 살려고 노력하였습니다. 조직에 얽매이는 것에서 자유를 얻는 것이었음에도 불구하고, 이 운동은 분명히 교회 중심적이었으며, 교회를 권위자로 여겼습니다.

루터교 목사 프랭크 엔 디 부크만(Frank N. D. Buchman)은 옥스포드 그룹의 지도자 중 한 사람으로 자주 소개되는 분입니다. 그러나 옥스포드 그룹을 따르는 사람에게 어떤 사람이 "당신의 지도자는 누구입니까?"라고 물으면 "우리의 지도자는 성령이십니다."라고 대답할 것입니다. 이러한 확신에 의하여 이들은 조직보다는 성령의 지도하심을 믿으며, 하나님의 뜻에 순종하려는 모든 사람을 통하여 역사하시는 하나님의 다스리심을 확신하고 있는 것입니다. 부크만은 용서와 지도를 위하여, 또한 자신의 죄를 하나님과 다른 사람에게 고백하기 위하여 하나님께 전폭적으로 순종할 필요가 있음을 강조하였습니다. 그들은 다른 사람을 변화시키기 위해서는 자신들의 결점과 허물을 고치고 자신들의 삶의 변화를 고백하는 것이 되어야 한다는 것을 깨닫게 되었습니다.

옥스포드 그룹의 가르침은 다음의 기본적인 6가지 원리에 기초하고 있습니다.

1. 사람은 모두가 죄인이다.
2. 사람은 변화될 수 있다.
3. 변화 받기 위해서 우선적으로 요구되는 것은 죄의 고백이다.
4. 변화된 영혼은 직접적으로 하나님께 나아갈 수 있다.

5. 기적의 시대가 도래하였다.
6. 변화된 사람은 다른 사람을 변화시킬 수 있다.

윌슨(Wilson)은 AA그룹의 철학에 옥스포드 그룹의 다섯 가지 절차를 통합시켰는데, 그것은 다음과 같습니다.

1. 하나님께 맡겨라.
2. 하나님의 지도하심을 따르라.
3. 지침서를 준수하라.
4. 보상(restitution).
5. 고백과 증거를 중심으로 한 나눔.

위와 같은 내용들이 발전하여 자신을 치료함은 물론 다른 사람들을 예수 그리스도께로 인도하기 위한 12단계가 탄생하게 된 것입니다.

이 12단계는 AA 그룹의 12단계에 성경 말씀을 통합시켜 정서적인 치유뿐만이 아니라 영적인 성장까지 이룰 수 있도록 계획되어 있습니다.

분명한 것은 12단계는 알코올중독자들뿐만이 아니라, 다른 형태의 역기능 가정에서 성장한 성인 아이(Adult Child) 모두에게 적용될 수 있다는 것입니다. 프랭크 미너스(Frank Minirth)는 12단계에 대하여 다음과 같이 말합니다.

1) 12 단계 프로그램은 모든 그리스도인들이 매일 실천할 수 있는 영적인 헌신, 성장, 제자도를 위한 프로그램이다.
2) 12단계 프로그램은 어떤 문제나 욕구를 가지고 있는 모든 사람을 돕고, 그들에게 전도할 수 있는 프로그램이다.
3) 12단계 프로그램은 거식증이나 대식증, 일중독, 약물중독, 알코올중독, 마약중독 등과 같은 강박적-충동적인 행동을 극복할

수 있도록 사람들을 도울 수 있는 프로그램이다.
- 알코올중독,
- 마약중독,
- 일 중독(일과 성취에 대한 중독증),
- 음식중독과 무절제한 식습관(충동적인 과식, 파티, 거식증, 대식증)
- 섹스 중독
- 돈에 대한 중독(도박, 돈을 모으는 일에 집착하는 것, 과도한 소비)
- 상호의존성, 해로운 관계에 의존됨
- 충동에 대한 중독(다른 사람의 행동을 통제하고자 하는 욕구)
- 물욕
- 완벽주의
- 칭찬의존성(다른 사람에게 인정받고자 하는 욕구)
- 종교적 율법주의

한편 샘 슈메이커는 1926년 뉴욕의 갈보리 회중교회에서 소그룹을 시작하였습니다. 일년 후 그 그룹은 한 교구가 되었습니다. 그는 「나와 함께, 그대의 교회를 부흥시키라」는 책에서 복음 전도를 위한 그의 원리를 다음과 같이 요약하였습니다. 이것은 AA의 12단계 프로그램의 기초가 되었는데, 그것은 다음과 같은 여섯 가지 내용으로 되어 있습니다.
1) 사람들은 교회를 통하여 하나님을 발견한다.
2) 사람들은 자신들의 욕구를 통하여 하나님을 발견한다.
3) 사람들은 다른 사람의 신앙을 보는 것을 통하여 하나님을 발견한다.
4) 사람들은 하나님의 말씀에 대한 설교를 통하여 하나님을 발견한다.
5) 사람들은 다른 사람에 대한 개인적인 증거를 통하여 하나님을 발견한다.

6) 사람들은 그리스도인들이 믿는 바대로 살아갈 때에 그곳에서 하나님을 발견한다.

이러한 기독교적 뿌리를 가지고 있는 12단계 프로그램은 정서적인 문제로 고통을 당하고 있는 성인아이들을 지원하고 치유하는데 많은 도움을 주고 있습니다.

이 책의 활용법

이 책은 12단계 성인아이 치유그룹에 참여하는 분들을 위한 책입니다. 그러므로 이 책을 읽으면서 「마음의 상처를 치유하는 길 - 성경말씀을 통한 상한 감정 치유 워크북」을 성인아이 치유 그룹에서 동시에 진행해 나간다면 더욱 좋은 결과를 만날 수 있을 것입니다.

부록에는 이 책을 이해하는 데 도움이 되도록 하기 위하여 인천 가정문화원에서 「가족치유와 교회성장」이라는 주제로 개최하였던 세미나 강의 내용을 녹취하여 실었습니다. 여기에는 팀 슬레지 박사의 「성인아이란 누구이며, 어떻게 치유할 수 있는가?」, 정동섭 박사의 「왜 치유상담목회여야 하는가?」와 12단계 중심의 성인아이 지원그룹 인도자를 위한 기초자료인 「성인아이 지원그룹과 인도자의 역할」도 실었습니다.

이해가 어려운 분들은 부록부터 읽으시면 더 이해가 쉬울 것입니다.

이 책을 읽는 모든 이들과 그 가정에 우리 주 예수 그리스도 안에서 평안이 넘치기를 기원합니다.

크리스천라이프센터 및
기독가족상담소
노용찬 목사

차 례

12단계의 기독교적 뿌리와 이 책의 활용법 ················ 4
AA의 12단계들 ·· 10
개정판 서론 ·· 11
12단계와 온전함을 향한 우리의 여행 ····················· 14
서론 ·· 16
성인 아이 치유를 위한 12단계 ·························· 18
성인 아이의 공통적 감정과 행동들 ······················ 21
제1단계 ··· 24
제2단계 ··· 29
제3단계 ··· 35
제4단계 ··· 41
제5단계 ··· 75
제6단계 ··· 83
제7단계 ··· 88
제8단계 ··· 94
제9단계 ·· 102
제10단계 ··· 110
제11단계 ··· 118
제12단계 ··· 127
12단계 검토 ··· 133

<부록>
Ⅰ. 성인아이란 누구이며, 어떻게 치유할 수 있는가? ········ 139
Ⅱ. 왜 치유 상담목회여야 하는가? ······················ 191
Ⅲ. 성인아이 치유 그룹과 인도자의 역할 ················ 203

AA의 12단계들

1. 우리는 알코올에 대해서 무기력했음을 인정하였다. 우리의 삶은 통제할 수 없었다.
2. 우리는 우리 자신보다 더 큰 능력이 평안을 회복시켜 줄 수 있다고 믿게 되었다.
3. 우리가 하나님을 이해한 것처럼 우리의 의지와 삶을 하나님의 돌보심에 맡기기로 결정을 내렸다.
4. 우리는 자신들에 대한 철저하고 두려움 없는 도덕적 재고 정리를 했다.
5. 하나님, 우리 자신들, 그리고 다른 사람들에게 우리가 저지른 잘못들을 있는 그대로 인정하였다.
6. 우리는 이 모든 성격적 결함들을 하나님이 제거하실 수 있도록 완전히 준비가 되어 있다.
7. 우리의 단점들을 제거해 달라고 하나님께 겸손히 요청하였다.
8. 우리가 해를 입힌 모든 사람들의 명단을 작성하고, 그들 모두에게 자발적으로 보상을 하게 되었다.
9. 다른 사람들에게 해가 되지 않는 범위 안에서 가능한 한 직접적으로 보상을 하였다.
10. 개인적인 재고 정리를 계속했고, 그래서 잘못을 범할 때 즉시 그것을 인정하였다.
11. 기도와 묵상을 통해서 하나님과의 의식적인 접촉을 우리가 그분을 이해하는 것처럼 개선하려고 노력하면서, 우리를 위한 그분의 뜻에 대한 지식과 그것을 실행할 수 있는 능력을 위해서만 기도하였다.
12. 12단계들의 결과로서 영적 각성을 하고 난 이후에, 우리는 이 메시지를 다른 사람에게 전하고, 또 이 원리들을 우리의 모든 문제에 적용하려고 노력하였다.

개정판 서론

이 자료는 일차적으로 1986년 후원적인 환경에서 12단계 치유그룹에 참여하는 성인 아이만을 대상으로 집필되었다. 1987년에 최초로 출판된 이래로, 이 책은 7판이나 거듭되었다. 판이 바뀔 때마다 본문은 메시지가 명확해지고 또 보강되었다. 이 개정판은 개별적인 프로그램들을 계속해서 진행하고 12단계들을 매일의 삶에 적용하는 공헌자들의 영적 및 정서적 성장을 반영하고 있다. 그들은 자신들의 회복 과정의 근원을 더욱 큰 능력이신 하나님과의 동역자 관계로 생각하게 되었다.

12단계 프로그램은 우리로 하여금 자신들의 경험, 능력 그리고 희망을 다른 사람들과 공유할 수 있게 한다. 프로그램을 새로 시작하는 사람들은 대부분 일반적인 감정과 행동들은 연관시킬 수 있지만 자신들의 가정에 자리잡은 알코올중독을 파악하는 데 어려움을 겪는다. 알코올중독과 다른 중독들을 연구하는 여러 회복 전문가들과 개인들은 이런 문제들과 관련된 새로운 통찰들과 자료의 계발에 주로 공헌하였다. 그들의 연구와 경험에 따르면 중독적 행동은 강박적-충동적 장애이다. 그것은 어느 사람이 내적 공허나 허무를 충족시킨 목적으로 관계, 알코올, 음식, 마약, 섹스, 도박 등의 충동적 사용으로 이끌어 가는 강박증 또는 강렬한 욕구를 가리킨다. 이런 공헌은 "중독"이라는 말의 이해를 넓혔고 이 책의 개정에 도움이 되었다.

이 책의 개정 부분인 1단계, 2단계, 6단계 그리고 7단계는 표현이 변경되었다. 그 변화는 다음과 같이 요약된다.
1단계는 이제 우리가 알코올보다는 중독의 영향에 무력하다고 진술한다. 중독 분야에 대한 연구가 진행됨에 따라서 우리는 중독적인 사회, 즉 우리가 전모를 파악하지 못할 정도로 광범위한 중독 속에서 살아가고 있다는 것이 명백해져 가고 있다.

2단계는 "온전함으로 회복된"이라고 이해하도록 변경되었다. 12단계의 철학은 우리의 더욱 큰 능력이신 하나님과의 동역자 관계를 온전함을 성취할 수 있는 기초로 간주한다. 이 책은 우리의 온전함이 침해되고 우리의 진정한 자아들이 점진적으로 왜곡된 방법들을 발견하기 위해서 우리가 어린 시절을 보낸 가정 체계를 탐구하는 데 도움을 주려는 의도를 갖고 있다.

6단계와 7단계는 우리의 과거에서 떠나서 치유와 온전함으로 지향을 계속할 수 있도록 우리의 더욱 큰 능력이신 하나님과의 동역자 관계의 작동에 초점을 맞춘다. 더욱 큰 능력이신 하나님에 대한 신앙은 우리에게 어떤 주술적 요법이나 고통의 갑작스런 경감의 이유가 되지는 않는다. 우리는 오랜 행동들로 되돌아가려는 사고, 감정 그리고 내적 충동이 그것들을 다시 반복하지 않으려는 우리의 의식적 시도를 요청한다는 것을 알게 되었다. 우리는 점차 우리의 더욱 큰 능력이신 하나님의 사랑, 수용 그리고 능력을 요청하고 의지함으로써 이 "내버리는" 과제를 성취할 수 있다. 그것은 팀 사역이라고 불린다.

우리는 자신들은 물론 오래 전에 세상에 관한 왜곡된 견해들과 신념들을 지니고 있던 역기능 가정과 어린 시절을 거쳤다. 부모가 만든 거울에 우리 자신들을 비쳐 본 뒤에, 우리는 "괜찮지 않다"는 신념을 받아들였다. 우리는 그 때문에 우리의 정체성을 포기하고 자신들에 대해서 좋게 느끼게 하는 방법들을 찾기 시작하였다. 우리는 성인이 되어서도 다른 사람들이 자신의 이미지, 자존감 그리고 행복에 영향을 끼치도록 용납함으로써 이 형식을 계속 반복하고 있다. 우리가 스스로에 관해서 지니고 있는 자기 패배적 신앙은 우리로 하여금 자기 파괴적 선택을 하도록 인도한다. 따라서 우리는 내적 공허감을 부적절한 행동과 다른 사람들, 섹스, 약물, 소유, 업적 등의 오용으로 채우는 것으로 끝나 버린다.

우리가 회복을 시작하는 순간, 우리 감정들과 행동의 변화는 우리가 "마치" 현실이 변화된 것처럼 행동하고 있다고 생각할 수 있다. 이 "신앙의 행위"는 우리를 위해서 존재하는 우리보다 더 커다란 능력이 존재한다고 "믿는 쪽"으로 나아가도록 도움을 준다. 이 능력은 일차적으로 우리의 내적 자아, 하나님, 삶 등에 대한 신념이 될 수 있는데, 이차적으로는 지적 확신에 근거할 뿐이다. 우리는 새로운 신념을 어떤 철학을 채택하는 것보다 사랑에 빠지는 것과 더 비슷하게 생각하는 게 더 편안할 것이다.

온전함을 지향하는 우리의 여행은 우리의 여생 동안 지속될 것이 분명하다. 우리가 취하는 "신앙의 비약"은 단순히 "믿습니다"라는 인정이 아니다. 우리는 충분한 증거를 발견한 것을 진정으로 신뢰할 수 있을 뿐이기 때문이다. 그것은 용기와 위험을 감수하는 행위이다. 우리의 일차 신앙 단계는 분명히 증거에 대한 모색으로 구성되고, 또 무엇보다 커다란 증거는 우리의 보다 커다란 능력과의 직접적인 경험이 될 것이다.

우리가 백열등의 존재와 유용성을 당연한 일로 생각하지만, 그것의 발명은 토마스 에디슨의 신앙과 오랜 세월 동안의 시행착오들이 합쳐진 결과였다. 보다 커다란 능력과 더불어 작업하는 법을 발견하고 익히는 데 여러 주, 여러 달 그리고 여러 해가 걸릴 수 있음을 알게 된다면 우리가 시작하지 않을 수 있을까? 우리가 이 책에 제시된 도전을 직면할 경우 에디슨과 동일한 헌신과 호기심을 보이면서 우리의 선입관을 포기할 준비를 하고서 사실들을 우리가 아는 것처럼 마주하고 앉게 될 것이다.

우리가 천릿길도 한 걸음부터라는 중국의 속담을 기억한다면, 우리에게 필요한 것은 시작이 전부다.

12단계와 온전함을 향한 우리의 여행

12단계 프로그램은 우리로 하여금 우리의 영적 성격을 발견하고 확장하는 것이 주는 이익들을 깨닫도록 도움을 주는 생활 철학이다. 그것은 특정 종교 집단이나 단체의 지원을 받지 않는 프로그램이다. 이 프로그램을 사용하는 사람들이 자신들의 고유 신학이나 영적 신앙들과 갈등을 일으키지 않는다고 생각하기는 하지만, 공식적으로는 종교적 색채를 띠지 않았다. 그것은 우리가 나름대로의 속도와 방법으로 우리의 보다 커다란 능력이나 프로그램에 역시 참여하고 있는 다른 사람들의 도움과 지원을 활용하면서 따라가는 프로그램의 일종이다.

이 책은 12단계들이 최초의 회복 도구로 사용될 수 있고 나중에는 온전함을 지향하는 우리 여행의 지속적인 일부로 어떻게 통합될 수 있는지를 소개하고 있다. 우리가 12단계들에 비추어서 인생의 문제들을 인식하고 공부하기 시작하는 순간, 우리는 우리의 신체적, 정서적, 정신적 그리고 영적 행복을 가져다 줄 수 있는 회복의 경험을 위한 기초를 발전시킨다. 공부에 대한 열린 마음과 자발성이 필요한 전부이다.

이 책에 실린 12단계 자료의 형식은 회복으로 이어지는 길목에 들어선 개인들에게 유용한 상당히 창조적인 도구들 가운데 하나일 뿐이다. 그것은 우리가 평화와 평안이라는 목표들을 성취하는 데 도움이 되는 지침을 제공한다. 보다 커다란 능력과 우리의 관계가 발전하는 순간, 그 능력은 우리에게 더 많이 드러나게 되고 우리의 삶은 보다 덜 복잡해질 것이다. 우리는 더욱 큰 능력이신 하나님에게 우리 자신들을 보다 더 잘 돌볼 수 있는 것을 이해하기 위해 도움을 청하는 법을 익힌다. 이 단계들을 공부할 경우, 더욱 크고, 더욱 깊은 통찰들이 떠오를 것이다.

이 자료를 자발적으로 완성하고 날마다 단계들을 공부하는 데 몰두하는 것은 우리에게 평화와 평안이라는 지속적인 선물들을 제공할 것이다. 우리가 경험, 능력 그리고 희망을 서로 나누는 순간 우리는 온전함을 향해서 여행을 하는 우리의 동료들과 합류하고 영혼의 친교로 하나가 된다.

서론

우리는 중독적 또는 역기능적 가정 출신의 성인 아이로서 삶 속에서 여러 가지 어려움들과 직면해야 한다. 우리가 요즈음 가지고 있는 자세, 감정 그리고 행동은 어린 시절의 환경에서 겪으며 본받았던 행동이나 메시지의 직접적인 결과이다. 우리는 혼란 속에서 성장했기 때문에, 적절한 인간관계나 의사 결정 기술, 또는 원인과 결과를 인식하는 것의 가치, 즉 모든 행동은 예외 없이 그 결과를 유발시킨다는 것을 배우지 못했다.

우리는 계속해서 이런 한계들을 인식하지 않으려고 들었다. 이것은 우리에게 적응치 못함으로 인한 고통과 격렬한 심리적, 정서적 및 행동적 스트레스를 유발시킬 수 있다. 그 저항의 핵심은 우리의 부정(否定)이다. 그것은 우리의 현실 상태에 대한 방어이자 우리로 하여금 충동적 혹은 강박적 행동들을 인식하지 못하게 한다. 이런 행위들은 다양한 수단들을 통해서 모습을 드러내는데, 그 가운데 일부는 통제 욕구, 자기 확신이나 자존감의 결여, 희생자나 순교자의 자청, 욕구나 감정의 표현 불능, 그리고 고통, 원한, 수치, 두려움과 분노라는 억압된 감정들을 의식하지 못하는 것 등이다.

삶의 상황이 우리로 하여금 스스로에게 굴복하도록 강요할 때, 우리는 변명할 방법을 찾기 시작한다. 우리는 스스로 돕는 책을 읽거나, 치료 모임에 참여하거나, 또 다른 형식의 정신수양을 시도한다. 우리는 이런 소재들이 바닥난 뒤에 우리가 추구하는 평화가 거기에 **존재하지 않는다는** 것을 깨닫게 된다. 우리가 이 지점에 도달할 때, 우리는 보다 커다란 능력의 지원과 인도를 받아들일 준비가 된다. 우리가 12단계들을 공부하고 우리 신앙과 노력 때문에 갓 움트기 시작한 기적 — 우리의 신뢰, 고귀함, 용기 그리고 새로운 삶 —을 받아들이는 순간 이 영적 동역자를 받아들이는 것과 그분에 대한 신뢰는 결실을 맺게 된다.

성인 아이 치유를 위한 12단계

1단계
우리는 중독의 영향에 무기력했으며 우리의 삶은 통제할 수 없게 되었음을 인정하였다.

2단계
우리는 우리 자신보다 더 큰 능력이 평안을 회복시켜 줄 수 있다고 믿게 되었다.

3단계
우리가 하나님을 이해한 것처럼 우리의 의지와 삶을 하나님의 돌보심에 맡기기로 결정을 내렸다.

4단계
우리는 자신들에 대한 철저하고 두려움 없는 도덕적 행위 목록 정리를 했다.

5단계
하나님, 우리 자신들, 그리고 다른 사람들에게 우리가 저지른 잘못들을 있는 그대로 인정하였다.

6단계
우리는 이 모든 성격적 결함들을 하나님이 제거하실 수 있도록 완전히 준비가 되어 있다.

7단계
우리의 단점들을 제거해 달라고 하나님께 겸손히 요청하였다.

8단계
우리가 해를 입힌 모든 사람들의 명단을 작성하고, 그들 모두에게 자발적으로 보상을 하게 되었다.

9단계
다른 사람들에게 해가 되지 않는 범위 안에서 가능한 한 직접적으로 보상을 하였다.

10단계
개인적인 도덕적 행위 목록 정리를 계속했고, 그래서 잘못을 범할 때 즉시 그것을 인정하였다.

11단계
기도와 묵상을 통해서 하나님과의 의식적인 접촉을 우리가 그분을 이해하는 것처럼 개선하려고 노력하면서, 우리를 위한 그분의 뜻에 대한 지식과 그것을 실행할 수 있는 능력을 위해서만 기도하였다.

12단계
12단계들의 결과로서 영적 각성을 하고 난 이후에, 우리는 이 메시지를 다른 사람에게 전하고, 또 이 원리들을 우리의 모든 문제에 적용하려고 노력하였다.

하나님, 솔직히

솔직히, 내가 기도하고 있는 분을 확신하지 못합니다.
내 자신에게 이야기하고 있는지도 모르고, 또...

솔직히, 나는 더 이상 받아들이지 못합니다.
나의 인생은 실패했고, 내 느낌으로는...

솔직히, 나는 죽고 싶고, 끝내고 싶고,
나는 스스로를 괴롭히고, 남을 괴롭히는 일을 끝내고 싶습니다.

솔직히, 나는 무엇을 해야 하는지 모릅니다.
처음으로 나는 정말 방향을 잃어버렸습니다...

솔직히, 나는 어떤 사람이 내 말에 귀기울이고 있는지 모릅니다.
그러나 누군가 듣고 계시다면, 제발 나를 찾아와 주십시오.

(「출구를 위한 12단계 기도」 중에서)

보다 커다란 능력과의 접촉은 우리 회복을 위한 중대한 접촉점이다. 우리가 기도를 통해서 스스로를 표현하든 아니면 묵상을 하면서 조용히 앉아 있든 간에, 이것은 우리 여행의 귀중한 부분이다. 보다 커다란 능력과의 의사 소통은 매일 기도와 명상을 통해서 가능하다.

성인 아이의 공통적 감정과 행동들

중독 또는 역기능 가정 환경에서 성장한 개인과 연관된 연구는 이런 가정 출신의 성인 아이들에게서 몇 가지 감정들과 행동들이 공통적으로 존재한다는 결정을 내렸다. 일반인들이 이런 여러 행동들을 취하기도 하지만, 역기능 가정 출신의 사람들에게는 그러한 특성이 나타나는 빈도가 높은 경향이 있다. 이 훈련은 그런 감정들과 행동들이 분명하게 존재하는 삶의 영역들을 발견하도록 도움을 주려는 의도를 갖고 있다.

- 우리는 비난을 받으며 자란 탓에 낮은 자존감을 지니고 있다. 우리는 자신들과 다른 사람들을 무자비하게 비판함으로써 부모로부터 받은 이런 메시지를 계속 이어서 사용하고 있다. 우리는 완벽해지고, 통제하고, 경멸이나 험담을 늘어놓음으로써 소신 없는 자신을 감추려고 시도한다.

- 우리는 자신들을 고립시키고 주변 사람들, 특히 권위를 가진 사람들에게 불편함을 느끼는 경향이 있다.

- 우리는 사랑과 인정을 받으려고 애쓰고 사람들이 우리를 좋아하게 만들 수 있는 것은 무엇이나 하려고 한다. 우리는 다른 사람들이 상처를 입는 것을 바라지 않기 때문에 충성이 지나치다는 것이 분명하게 드러남에도 불구하고 자신이 처한 상황이나 관계에 여전히 "충성스럽다."

- 우리는 화를 내는 사람들과 개인적인 비판에는 위협감을 느낀다. 이 때문에 우리는 불안하고 지나치게 예민한 느낌을 갖게 된다.

- 우리는 계속해서 중독적인 성격을 가지고 있어서 온전치 못한 사람에게 정서적으로 마음이 끌린다.

- 우리는 희생자의 인생을 살면서 우리의 상황을 다른 사람의 탓으로 돌리고, 또 다른 희생자들을 친구나 연인들로 삼게 된다. 우리는 사랑과 연민을 혼동하고 우리가 연민하고 보호할 수 있는 사람들을 "사랑하는" 경향이 있다.

- 우리는 초(超) 책임적이거나 아니면 초 무책임 적이다. 우리는 다른 사람의 문제를 해결하려고 노력하든지 아니면 다른 사람들이 우리를 책임져 줄 것으로 기대한다. 이것은 우리로 하여금 우리 자신의 삶과 선택들에 대해서 책임지는 것을 회피하게 할 수 있다.

- 우리는 스스로를 주장하거나 소신 있게 행동할 때 죄책감을 느낀다. 우리는 자신을 돌보는 대신 다른 사람들의 욕구나 견해를 따른다.

- 우리는 어린 시절 받은 정서적 상처(外傷)로 인해 자신의 감정을 부정하고, 축소하고 또 억압한다. 우리는 감정을 파악하고 표현할 수 없는 무능력이 성인이 된 후의 삶에 끼치는 영향을 의식하지 못한다.

- 우리는 거절되는 것이나 버림받는 것을 너무도 두려워하는 의존적인 성격을 가지고 있어서 우리에게 상처를 입히는 상황이나 관계에 그대로 머물러 있는 경향이 있다. 우리의 두려움과 의존적 성격은 이룰 수 없는 관계를 끝내지 못하게 하며, 또 성취할 수 있는 관계의 형성을 방해한다.

- 부정, 고립, 통제 그리고 그릇된 죄책감은 처음부터 있었던 우리

가 자라 온 가정의 유물들이다. 이런 증후의 결과 때문에, 우리는 희망이 없고 무기력하다.

- 우리는 친밀하고, 평안하고, 신뢰적이며 또 헌신적인 관계를 맺기가 어렵다. 우리는 분명하게 정해진 개인적인 한계나 경계들이 없기 때문에 상대방의 욕구와 정서에 얽혀 버린다.

- 우리는 즉각적인 행동을 하지 못하며 계획들을 처음부터 끝까지 이루어 가는 데 어려움을 겪는 경향이 있다.

- 우리는 통제에 대한 강한 욕구를 가지고 있다. 우리는 자신들이 통제할 수 없는 상황을 만나면 그것을 변화시키려고 지나치게 반응한다.

제1단계

우리는 하나님을 떠난 결과 무능력하게 되었으며, 그래서 우리의 삶을 통제해 나갈 수 없다는 것을 인정했다.

1단계에 제시된 개념은 우리가 자신들의 삶을 있는 그대로 바라볼 수 있기 전까지는 우리 대부분에게 당혹스러운 것이다. 우리가 무기력하다는 것과 우리의 삶이 통제 불가능해졌음을 인정하는 것은 부끄러운 일이다. 우리는 안전하고 평안한 느낌을 얻기 위하여 다른 사람들의 행동, 사고 그리고 감정들을 돌보는 데 인생의 대부분을 보냈다. 우리 가운데 일부는 허약하고 무기력하게 보임으로써 다른 사람이 우리를 위하도록 조종하려고 노력할 것이다. 우리는 강박적으로 인생에서 보다 우월한 위치를 얻으려고 할 것이며, 그래서 우리는 실제로 무능력할 수 있다는 것을 깨닫기 어렵다는 것을 발견한다. 우리는 가장 현명하거나 빠른 처리, 또는 최고의 직업을 갖는 것에 집착할 수도 있다. 우리가 무슨 일을 하든, 우리가 제아무리 괜찮은 것처럼 보이려고 노력을 하더라도, 우리의 일부 행동은 건강이나 행복을 심각하게 위협하기도 한다. 1단계는 우리로 하여금 통제할 수 없는 강박적 및 충동적 행동의 원인들을 파악하는 실마리를 제공한다.

우리는 현재의 삶 속에서 영향을 끼치는 문제들에 관해서 결단을 내릴 수 있는 능력이 있음을 인식한다. 그런 선택들의 결과에 영향을 끼치고 조절하려는 시도를 하다가 우리는 이따금씩 갈등을 겪을 수 있다. 우리는 문제를 인식하기 이전에 잘못된 점과 삶이 여러 가지 면에서 만족스럽지 못하다는 것을 감지한다. 자연히 우리는 상황을 "바로 잡음으로써" 그릇된 것을 교정하려고 간절히 시도한다. 우리가 무엇을 하건 또는 우리가 어느 지점에서 돌아서건 간에, 우리는 계속해서 예리한 불안의 공격으로 고통을 받거나 아니면 터무니 없고 충동적인 행동을 일부 경험한다. 결국에 가서 우리가 어쩔 수 없이 자신들을 자세히 바라보고 또 우리가 다른 모든 가능성들을 소진시켰음을 알게 될 때, 우리는 1단계를 위한 준비를 하게 된다. 바로 이점 때문에 우리는 자신들이 무기력하다는 것과 우리의 삶이 통제할 수 없음을 인정하는 것 이외에는 다른 대안이 없다. 우리는 처음으로 인생의 진로를 변경하고 치유를 위해서 노력하기 시작한다.

1단계는 모든 단계들을 위한 기초가 된다. 이 단계를 공부할 경우, 우리는 인생 경험의 실체를 인정하기 시작한다. 자신들을 엄격하게 판단하지 않는 것이 중요하다. 우리에게는 우리의 행동을 관찰하고 또 우리가 그것을 변화시킬 만한 능력이 없음을 인정하는 것만이 필요할 따름이다. 우리가 이 개념을 받아들이는 순간, 우리는 자신들의 행동, 사고 그리고 감정들을 있는 그대로 보게 되고 우리 자신들과 다른 사람들에게 한층 더 정직해질 필요성을 깨닫게 된다. 우리는 자신들의 무기력을 직면하고 인정함으로써 한계들을 정직하게 대하는 모험을 감수하기 시작한다.

1단계는 두 가지의 독특한 부분들로 구성되어 있다. (1) 우리는 어린 시절에 돌보아 주던 사람의 중독적 또는 역기능적 행동들의 영향에 대해서 무기력하다는 것을 인정하기, 그리고 (2) 우리의 삶은 변화시키지 않으면 통제할 수 없었고 앞으로도 그럴 것이라고 인정하기.

어린 시절에 돌보아 주던 사람의 중독적이거나 역기능적 행동들의 영향에 대해서 무기력하다고 인정하는 것은 우리가 이 프로그램에 참가하게 만든 촉매제이다. 우리는 이 프로그램을 통해서 우리의 삶을 변혁시킬 수 있는 회복의 과정을 시작한다. 우리의 비효율적인 행동은 우리의 행복을 전혀 지원하지 않았고, 또 우리의 빈번한 자기 파괴적 생활양식은 현재의 상황으로 몰아온 주요 원인이다. 우리는 이제 세계, 우리 자신들 그리고 다른 사람들에 대한 왜곡된 생활관을 어떻게 획득하였는지 이해한다. 이 견해는 우리의 후천적인 특징, 습관 그리고 행동들 때문에 지속되었다. 어린 시절을 돌이켜 보면, 우리가 인식하기 훨씬 전에 비효율적으로 행동하였고 통제할 수 없었다는 것을 깨닫게 된다. 그 당시에도 우리의 강박증은 단순히 행동이 아니라, 우리의 정신적, 신체적 그리고 정서적 행복과 관계된 점진적인 행동 이상(異狀)의 시작이었다.

우리는 마음속으로 개인적으로 무기력하다는 생각에 불평을 토로하면서 실제로는 우리가 아무것도 할 것이 없다는 것을 인정하기를 거부한다. 우리는 다른 사람들은 물론 우리 삶 속에서 일어나는 모든 일들에 대해서 전적인 책임이 있다는 것을 받아들이는데 익숙하다. 이것은 우리가 무능력하다는 것을 부정하려는 욕구를 지원한다. 우리가 어떻게 책임을 지는 사람들이 되고 또 무력해질 수 있는지를 발견하기 이전까지, 우리는 과거라는 굴레로부터의 해방을 향한 첫걸음을 내디딜 수 없다. 우리가 포기할 수 있는 수준은 우리가 자신의 무기력함을 인정하는 수준과 같다.

우리의 삶을 통제할 수 없다고 인정하는 것은 우리가 무력하다는 것을 인정하는 것과 같이 우리의 자아관과 타협적이다. 우리는 자신들을 직업을 가지고 있고, 가정을 꾸려 가고 또 정상적으로 활동하는 책임 있는 성인들로 간주하고 싶어한다. 우리는 어려서부터 성공에 이르는 유일한 길은 통제하는 것이라고 교육받았다. 우리는 성공한 사람들은 외부의 도움 없이 그들 자신들의 삶은 물론 다른 사람들의 삶까지 꾸려 가는 것이라는 메시지를 거듭해서 들으며 자랐다.

우리가 삶을 통제할 수 없다는 것을 받아들일 때, 우리는 삶을 궁극적으로 통제하는 것은 우리의 책임이 아니라는 사실 역시 인정하게 될 것이다. 우리가 삶의 상태를 가늠하는 순간, 우리가 제아무리 통제를 행사 하더라도 그 결과는 계획했던 바를 결코 끝낼 수 없음을 알 수 있다.

우리의 우울과 좌절은 생각만큼이나 우리가 유능하지 못한 표시들이라는 것을 깨달을 경우, 우리는 통제 불가능한 수준을 파악하는 데 보다 현실적이 된다. 우리는 자신들을 위해서 구실을 갖다 대고 피로, 스트레스 또는 다른 사람들에 대한 우리의 행위나 태만을 비난함으로써 우리의 행동을 얼마나 합리화하는지 알게 된다. 우리가 삶 속에서 잘못을 범한 부분을 비롯해서 스스로의 삶을 보다 객관적으로 검토할 때, 우리는 가식을 떨쳐 버리고 우리 자신들에게 더욱 정직해지게 된다. 때문에 우리는 자신들의 삶을 분명히 통제할 수 없으며 또 우리가 전혀 그것을 바라지 않음을 알게 된다.

1단계가 당혹스러울 수도 있겠지만, 그것은 단지 오랫동안 고통의 근원이 되었던 우리의 인간적 한계들을 지적하고 강조할 따름이다. 대개 우리는 자신들과 다른 사람들에게 우리의 불완전함을 감추려고 시도하였고, 따라서 우리가 처한 상황들의 실체를 회피하였다. 1단계는 우리가 보다 커다란 능력으로부터의 영적 안내를 수용하고 의존하는 데 필수적인 겸손의 계발을 향한 첫걸음이다. 이 단순한 행위는 우리가 구하는 치유적 변화 쪽으로 문을 열어 준다.

우리의 무기력함을 받아들이고 우리 삶의 통제 불가능함을 인정하는 과정 속에서 우리는 자신들이 지닌 한계들을 감추려는 시도들이 우리를 불구로 만들었음을 알게 된다. 1단계를 공부하는 게 고통스러울지라도, 회복에 이르는 길은 정직한 자기 대면과 포기를 통해서 시작될 수 있을 뿐이다. 우리가 이것을 시도하기 전까지는 회복을 지향하는 우리의 행보는 늦어질 것이다. 우리 대부분에게는 현재 처한 상황을 수용하는 것이 어려울지라도, 우리 혼자서는 우리 자신들의 삶을 조절하거나 우리의 사고를 조절할 수 없음을 깨닫게 된다. 우리의 인간적 한계들을 인정하는 것은 12단계들을 하나 하나 공부할 수 있는 토대를 형성한다.

제2단계

우리는 우리 자신보다 더 큰 능력이 우리를 회복시키고 평안을 줄 수 있다는 것을 믿게 되었다.

우리의 무기력함을 받아들이는 것은 자연스럽게 2단계로 인도한다. 우리는 이 순간에 역기능 가정에서의 양육이 우리의 삶에 끼친 영향을 발견하였다. 우리가 현재 처한 조건은 혼란스러운 환경에서 살아남기 위해서 내렸던 여러 가지 결정들의 결과이다. 우리는 이제 우리가 무기력한 통제할 수 없는 상황들을 만들어 내는 행동과 직면해 있다. 우리 가운데 일부에게는 자신의 자의지에 대한 믿음이 1단계에서 우리의 비효과적인 행동의 진정한 수준을 파악할 때까지 필요했던 전부였다. 우리가 우리 자신들보다 더 커다란 능력이라는 개념을 받아들이는 순간, 우리는 보다 건강한 방식으로 활동하기 시작하고, 우리의 삶은 보다 더 잘 통제할 수 있게 된다. 우리는 자신들이 한낱 인간에 불과하며 인간의 한계 내에서 사는 법을 익히고 있음을 깨닫는다.

2단계는 희망의 단계라고 불린다. 2단계는 우리가 보다 영적인 생활관을 향해서 우리의 여행을 시작하는 출발점이다. 우리가 1단계에서 자신들이 처한 조건을 인식했을 때는 희망이 없고 패배한 것으로 생각했었다. 우리가 단지 자신들보다 더 커다란 능력을 믿고 신뢰하는 모험을 감행하기만 해도 도움이 가능하다는 것을 깨닫는 순간, 2단계는 새로운 희망을 불어넣는다. 우리가 그 능력의 안내를 따르면, 우리는 더 이상 갈등할 필요가 없다. 우리는 이제 오랜 행동 양식을 극적으로 줄이고 점차 우리가 바라는 사람들이 될 수 있는 기회를 얻었다. 2단계는 보다 큰 인격의 완성에 대한 의식을 성취하는 데 도움을 줄 영적 발전을 위한 바탕을 제공한다.

새로 시작한 지 얼마 되지 않은 우리들은 이 단계를 공부할 때 종종 장애물들과 직면한다. 우리 자신들보다 더 커다란 능력이 존재한다는 것을 믿지 못하는 것이 그 중 하나이다. "겨자씨만큼 작은 믿음"이 다른 사람들의 삶 속에서 기적을 일궈 낸 것을 우리가 알고 있을지라도, 우리는 그것이 우리에게도 가능한지 의심할 수 있다. 의심이 계속될 경우, 우리는 보다 커다란 능력이 우리와 함께해서 치유한다는 개념을 거부할 수 있다. 우리는 "믿음"을 통해서는 우리의 강박증과 충동의 강도가 줄어들 수 있다는 것을 상상할 수 없다고 생각할 수도 있다. 때가 되면, 더없이 경건하고 영적으로 확고한 사람들의 경우에도 의심의 순간을 겪기 마련이라는 것을 인식하자마자 우리의 신앙은 성장하기 시작한다.

2단계에서 제기된 또 다른 문제는 장애나 무기력한 행동이 우리의 삶을 파고든다는 암시이다. 우리의 삶이 통제할 수 없다는 것을 인정하고 난 뒤에, 이제 우리는 새로운 지시가 필요하다는 것을 알고 있다. 이것은 우리에게 강력한 문제들이다. 그것들은 우리가 처음으로 직면할 때 두려움을 줄 수 있기 때문이다. 우리 대부분에게 그것들은 우리 자신들과 삶에 관해서 이전에 갖고 있던 신념들과 분명히 모순된다.

프로그램을 시작하기 전에, 우리 대부분은 영적 개념들과 신념들에 대해서 강력하게 맞섰다. 우리는 영성을 이해하거나 그것이 우리에게 어떤 것도 제공하지 않았다고 생각했다. 어린 시절에 만나지 못했던 양육해 주고 돌보아 주는 부모에 대한 갈망은 신뢰하고 사랑하는 보다 커다란 능력에 대한 개념을 이해할 수 있는 능력을 제한하였다. 우리는 우리가 드리는 기도는 응답되지 않았다고 생각했을지도 모른다. 보다 커다란 능력에 대한 우리의 신앙은, 우리가 가지고 있는 생각 때문에 산산조각이 났을지도 모른다. 이따금씩 우리의 낮은 자존감은 우리가 보다 커다란 능력의 보살핌을 받거나 관심을 끌 만한 가치가 없거나, 혹은 그럴 수 있다는 느낌을 갖게 만들었다.

우리는 1단계에서 보다 커다란 능력의 존재를 수용할 수 있는 기초를 구축하였다. 우리의 무능력함을 인정한 이후에, 우리는 자의지가 어떻게 우리의 삶에 영향을 끼쳤는지 깨닫게 되었다. 우리 자신들보다 커다란 능력의 발견과 수용은 우리의 자의지로부터 돌아서는 출발점이다. 여러 단계들을 공부함으로써 우리는 보다 커다란 능력을 점차 신뢰하는 경험을 할 수 있다.

많은 사람들은 "믿음을 갖게 되는 것"은 규칙적인 모임에 참석한 자연스러운 결과라는 것을 발견하였다. 프로그램을 공부함으로써, 역동적인 어떤 것이 일어나고 있음이 자명해진다. 우리가 자발적으로 마음을 열고 다른 사람들이 누리는 성공을 인정한다면, 우리는 언젠가 그것이 우리에게도 일어날 것이라고 기대할 수 있다.

우리가 자신들의 무능력한 행동과 만나고 12단계 과정에 순복할 수 있을 때, 우리는 보다 커다란 능력의 존재를 더욱 실감하게 된다. 우리는 자신들의 행동을 개선하려는 욕구로부터 삶이란 자연스럽게 진행되는 변화의 과정임을 이해하는 것으로 관심을 바꾼다. 이 초점의 이동은 보다 커다란 능력의 임재를 입증함으로써 우리가 자신의 능력으로 성취할 수 없던 것을 성취하도록 지원하고, 능력을 제공하고 또 도움을 준다.

보다 커다란 능력의 임재를 수용하는 초기 수준에서는 우리 주변에서 일어나는 특별한 사건들을 의식적으로 파악하는 게 도움이 될 때가 종종 있다. 우리는 삶 속에서 보다 커다란 능력에 의해 일어나는 사소한 기적, 선물 또는 단순한 개입과 같은 우연의 일치를 관찰할 수 있다. "신호 위반에 걸리지 않는 것"이나 "우리가 생각하고 있는 사람으로부터 예기치 못한 전화를 받는 것"과 같은 단순한 일들 때문에 보다 커다란 능력에게 감사하는 시간을 가짐으로써 우리는 보다 커다란 능력을 수용하는 법을 익힌다. 이 능력에게 자발적으로 감사를 표하는 것은 우리가 "믿게 될" 때 도움이 된다.

　2단계는 우리가 하나님을 여러 종교 조직이나 특정 종파가 제시하는 하나님에 대한 정의를 수용하도록 요구하지 않는다. 사실, 우리의 믿음은 삶 속에서 작용하는 보다 커다란 능력의 치유력을 단순히 경험함으로써 얻어지는 것일 수도 있다. 우리가 친구의 애정 어린 친절, 배우자의 성실, 우리가 프로그램에 참여하는 어느 사람이나, 심지어 프로그램 자체로부터 받는 위로와 도움을 통해서 우리의 보다 커다란 능력의 분위기를 더욱 더 인식하게 된다.

　우리 자신들보다 더 커다란 능력에 대한 믿음은 우리가 진정으로 원하는 행복하고, 적극적이고 또 애정 어린 사람들이 되는 데 빼놓을 수 없는 것이다. 우리의 오랜 자기 중심적 방식은 자신이나 다른 사람들과 멀리하게 만드는 깊은 절망과 외로움으로 인도할 가능성이 있다. 우리는 두려움과 판단, 기대와 계획을 지니고 있는 우리의 분석적인 정신으로는 우리가 처한 문제들을 해결할 수 없음을 발견한다. 우리가 스스로 문제들을 해결하거나, 또는 다른 누군가가 그것들을 해결해 줄 것으로 생각하면 할수록 우리의 삶은 더 어렵게 된다.

　2단계는 우리의 삶이 온전하게 회복될 수 있음을 깨닫도록 도움을 준다. 이 프로그램에서는 온전함을 "병을 앓거나 상처를 입거나 파괴되거나 충격을 입지 않은 상태, 혹은 결함이 없는 아주 건강한 상태"로 정의한다. 이런 의미에서 우리가 하는 행동의 측면들은 정상이 아님을 알 수 있다. 우리는 자신들의 행동이 지닌 문제들에 대해서 책임을 지기보다는 우리의 처지를 놓고서 무차별적으로 누구든지 비난할 수 있다. 이 프로그램에 처음으로 참여하는 것이라면, 우리는 자신들의 상태가 어느 정도인지 전혀 알지 못할 수도 있다.

우리 대부분은 고통스러운 삶의 현실들로부터 우리를 보호해 줄 것으로 생각하는 어떤 행동 양식이나 성격들을 획득하였다. 그 가운데 흔히 볼 수 있는 것들에는 희생을 자처하기, 무시, 자기중심성 그리고 무관심이 있다. 이런 행동과 자세가 존재한다는 것은 우리가 정서적, 정신적 그리고 행동적 무력감을 겪고 있음을 가리킨다.

우리 사회의 일부 특성들은 건강한 행동을 조장하거나 격려하지 않는다. 우리는 어려서부터 옳은 일을 하도록 교육을 받았다. 적절한 도덕적 훈련이 없이, 우리는 옳은 것과 그른 것의 차이를 알기 위해 예측을 하지만, 어려서 경험한 모델이 없기 때문에 옳고 그른 것에 대한 말을 들을 때에 혼란스럽고 분명하지가 않다. 우리는 성인으로서 책임 있는 행동을 하고 우리 자신들의 삶을 유능하게 처리할 것으로 기대 받고 있지만, 그러나 현실적으로는 그렇지 못한 실정이다. 우리가 범하는 잘못은 어릴 적에 획득한 옳고 그름에 대한 왜곡된 견해의 직접적인 결과들일 때가 많다. 우리가 이것을 받아들일 때, 우리는 자신들의 행동이 여러 가지 면에서 제몫을 하지 못한다는 것을 인정할 진정한 준비를 하게 된다.

보다 커다란 능력을 믿고 또 우리가 파괴적인 양식으로 행동하고 있다는 것을 인정하기 위해서는 엄청난 양의 겸손이 필요하다. 과거에 우리가 무력했던 것에는 우리에게 겸손함이 없었다는 것이 큰 원인이었다. 우리가 보다 균형 잡힌 생활 방식을 위해서 노력하는 순간, 우리가 하는 일마다 겸손이 중요하다는 것을 알게 된다. 우리가 자발적으로 겸손하고 친절해질 때 우리의 성장은 현저하게 강화된다. 우리가 모임에 참석해서 각 단계들을 공부할 때, 우리는 자의지를 포기하고 삶의 질을 개선하기 위해서 겸손히 모색함으로써만 이 평화와 평안이 가능하다는 것을 발견하게 된다.

내 자신보다 커다란

보다 커다란 능력은,
내 머리 위의 하늘,
과거의 조상들,
위에서 빛나는 별들,
세계와 그 피조물,
내가 생존하는 몸,
따스한 태양,
내가 숨쉬는 공기
우주의 질서와 진행,
나보다 작은 것이 하나도 없네.
내가 뉘라서 하나님이신 당신을 의심하겠습니까?

(「출구를 위한 12단계 기도」 중에서)

제3단계

우리가 하나님을 이해한 것처럼 우리의 의지와 삶을 하나님의 돌보심에 맡기기로 결심하였다.

3단계는 우리가 이전의 두 단계들을 공부해서 얻은 깨달음이 발달한 결과로 확고한 행동을 할 것을 요구한다. 우리는 1단계에서 우리가 무력하다는 것, 즉 우리의 삶이 통제할 수 없게 되었다는 것을 인정하였다. 2단계에서는 우리 자신보다 더 커다란 어떤 능력이 우리의 온전함을 회복시킬 수 있다고 믿게 되었다. 3단계에서는 우리의 삶을 전환하기로 결단을 내린다.

3단계는 이전의 두 단계보다 더 많은 것을 우리에게 지시한다. 우리는 이제 보다 커다란 능력을 신뢰하도록 요구를 받고 있기 때문이다. 우리가 이 요청 때문에 중압감을 느끼거나 또는 타협하게 되면, 우리는 대단히 빨라질 수 있다. 우리의 내재아는 우리가 보다 커다란 능력을 과감하게 신뢰하고 우리의 행동이 지닌 문제들을 그 능력에게 노출시킬 경우, 거절될 수 있음을 두려워할지도 모른다. 이 경우에, 멈추어서 스스로를 적절하게 준비할 수 있는 시간을 갖는 게 중요하다. 우리가 프로그램 전체를 공부하고 또 우리가 원하는 평화와 평안을 달성할 수 있는 기초를 형성하는 것은 초반의 세 단계들을 통해서다.

3단계를 효과적으로 공부할 수 있는 열쇠는 우리의 삶을 하나님의 돌보심에 맡길 수 있을 만큼 자발적으로 맡기는 것에 있다. 이것은 우리 대부분에게 쉽지 않다. 우리는 자의지만을 구사하면서 활동하는 데 익숙해져 있기 때문이다. 우리의 불신은 하나님이 우리 삶 속에 의미 있는 위치를 갖지 못하게 방해할 수 있고, 또 파악하지 못한 어떤 능력을 우리의 지침으로 삼는 개념이 우리에게는 너무 생소할 수 있다. 우리는 지상에 존재하지 않는 산타 클로스에게 어떤 것들을 구하고, 언제나 그것들을 받을 수 있을 것으로 기대하는 것처럼 하나님께 기도하는 법을 배웠을지 모른다. 우리는 세속적인 목표들을 성취할 수 있는 지침을 요구했을지도 모르지만, 그러나 이것은 우리 존재 전체를 보다 커다란 능력에게 양도하는 것이나 우리가 안전하게 인도를 받을 것으로 신뢰하는 것과는 크게 다르다.

   우리가 1단계와 2단계를 주의 깊고 철저하게 공부했다면, 우리는 우리의 행동을 받아들여서 우리의 삶을 새로운 책임자에게 넘길 준비가 되어 있을 것이다. 우리는 보다 커다란 능력에게 우리의 삶을 인도하도록 허용하는 것은 우리의 두려움과 원한을 감당할 수 있는 수준으로 축소시키리라는 것을 알게 된다. 우리가 보다 커다란 능력을 의지하기로 선택하는 순간 그 능력의 임재가 우리의 삶에 어떻게 영향을 끼치는지 알게 된다. 우리는 삶 속에서 발생하는 긍정적인 변화들을 목격하는 것처럼 그 결과를 신뢰하는 것이 얼마나 위로가 되는지 발견할 수 있다.

   우리는 처음에 삶을 하나님께 맡기는 데 약간의 저항을 경험하리라는 것을 예상할 수 있다. 이것은 독립에 대한 욕구 때문일 수 있다. 이는 우리 대부분이 책임을 지는 것이나 "우리 자신의 일"을 자유롭게 처리할 수 있다는 착각에 매달리고 있기 때문이다. 우리는 가장 심한 고통을 주는 우리 삶의 일부만을 포기할 수 있을 것이다. 이것은 시작이며, 우리가 하나님께서 우리의 모든 문제들을 해결할 수 있다고 깨닫는 순간 우리의 신뢰가 구축될 것이다. 우리는 어떤 것이 인도를 받는 것이고 어떤 것이 자의지 인지 혼란스러움과 혼돈을 겪을지도 모른다. 우리가 한 단계 한 단계씩 우리에게 주어지는 인도를 수용하는 순간 보다 커다란 능력과 우리의 깊숙한 동역자 관계는 이 명확하지 못한 것을 분명하게 만들어 준다.

우리는 경험상 인내하면 할수록 우리의 행보가 더욱 긍정적일 수 있음을 알고 있다. 우리는 인내함으로써 회복의 진정한 의미를 더욱 쉽게 파악할 수 있다. 우리가 낫고자 하는 바람 때문에 지나치게 힘을 기울이거나 강박적이 되면, 앞뒤를 재지 못하는 우리의 절박함은 우리의 진로를 가로막고서 좌절, 원한 그리고 자기 연민을 유발시킬 것이다.

"내버려두고 하나님께 맡기라"는 표어는 3단계의 핵심 주제를 나타내 주고 있다. "내버려두는 것"이라는 개념과 결과를 신뢰하는 것은 우리가 자신의 짐들을 포기하는 것이 실제로는 우리가 치유와 성장을 자유롭게 경험할 수 있게 한다는 것을 실감할 때 특히 유용할 수 있다. 우리가 마땅히 할 바를 다하고, 하나님께 대하여 과도한 기대를 하지 않는 한, 우리는 보다 커다란 능력이 우리를 훌륭히 돌보는 것을 목격하게 될 것이다.

이전에 가지고 있던 우리의 깨어지기 쉬운 자아들을 떠받치고 있던 왜곡된 사고가 우리의 의지와 삶을 하나님의 돌보심에 맡길 경우 우리가 무력해질 것이라고 믿게 만들 수도 있다. 하지만, 우리의 새로운 경험들은 우리의 삶이 지향하는 방향을 파악하는 순간 보다 커다란 능력을 의존하면 할수록 우리는 더욱 신뢰할 수 있게 된다는 것을 입증한다. 우리의 영적 성장은 내적 평화를 반영하고 있는데, 그것은 우리 자신보다 더욱 큰 능력이신 하나님을 수용하고 그 능력을 따르는 결과이다.

경고는 이 단계를 마무리하는 데 중요한 요소이다. 우리가 우리의 삶이나 의지를 하나님의 돌보심에 맡기는 것이 전혀 편안치 않다면, 우리는 속도를 낮추고 더 많이 반성을 해야 한다. 우리 가운데 일부는 일시적으로 정서적 고통을 무감각하게 하고 우리의 권태를 다른 곳으로 돌리거나 우리의 스트레스를 경감시킬 수 있는 방법으로서 시작된 우리의 무력한 행동에 대한 강렬한 심리적 및 신체적 충격을 겪을 수 있다. 우리의 행동이 무엇과 관련이 되어 있든지, 그것이 다른 사람과의 관계, 돈, 마약 또는 음식의 부적절한 사용을 의존하든지 간에, 우리는 영적 혹은 신체적 죽음의 가능성과 만나게 된다. 우리는 우리가 선택한 길이 우리의 능력을 방해했기 때문에 이 프로그램을 시작하였다. 우리는 우리의 삶을 변화시키고 치료받는 게 필요했었다. 보다 커다란 능력을 신뢰하도록 요구받는 것은 그것이 우리의 삶을 개선할 수 있는 효과적인 방법이라고 이해할 때까지 우리에게 도전이 될 것이다. 우리가 그것이 자신들의 삶을 개선할 수 있는 효과적인 방법이라고 이해할 때까지.

12단계는 치유를 위한 도구인 영적 프로그램이다. 3단계는 우리 자신보다 커다란 영적 능력이 우리의 나머지 삶을 책임지게 할 수 있는 기회이다. 이것은 우리를 모든 문제나 사람들에게 책임감을 느끼는 압력이나 다른 누군가가 우리를 대신해서 책임을 질 것으로 기대하는 것으로부터 해방시킨다. 우리가 보다 커다란 능력에게 무릎을 꿇고 다른 사람들이 자신들의 보다 커다란 능력을 경험하도록 허용하는 순간, 우리는 자신들의 삶에서 평화와 안정감을 발전시킨다.

"내버려두기" 위해서 우리의 보다 커다란 능력이 어떻게 작용하는지 완벽하게 이해하는 것은 중요하지 않다. 우리에게는 우리 자신의 성장을 시작하는 과정을 믿는 것만이 필요할 따름이고 그에 따라서 우리의 건강은 강화된다. 우리가 3단계를 공부하는 데 어려움을 겪는다면, 그것은 아마도 우리가 2단계의 "믿음"이라는 측면에 대해서 어려움을 겪고 있기 때문일 것이다. 이 경우에, 우리는 앞으로 진행하기에 앞서서 2단계로 되돌아가는 게 필요하다.

  우리가 3단계를 공부하면서 의미 있는 결과들을 경험한다면, 우리에게는 변화가 찾아온다. 우리는 더욱 평온해지고 우리의 어깨를 짓누르는 무거운 것이 사라진 것을 느낀다. 그것은 우리가 보다 커다란 능력과의 동역자 관계로부터 비롯된 인도하심을 의도적으로 수용하는 순간 갑자기 또는 점진적으로 발생할 수 있다. 우리는 행복감이나 도취감을 경험할 수 있겠지만, 그것은 영원히 지속되지 않을 것이다. 그럴 경우 우리는 과거의 행동양식으로 되돌아 갈 것이다. 이 순간에 우리에게 필요한 것은 이것을 인정하는 것뿐이다. 이 프로그램에는 성자가 있을 수 없다. 우리 모두는 "초보자"에 불과하다. 그렇지만, 우리가 프로그램을 날마다 공부하는 만큼 우리는 우리의 삶을 일관되게 전환시키는 데 더욱 자발적이 되고 또 그렇게 할 수 있다.

  이 프로그램이 작용하는 방식에는 한가지 역설이 존재한다. 우리가 우리의 삶을 보다 적게 통제하려고 할수록 우리는 더욱 효과적이 된다. 우리가 우리의 삶을 통제하려는 것을 포기하고서 우리를 향한 보다 커다란 능력의 계획을 신뢰할 때, 우리는 우리가 더욱 평온해졌고 우리 주변의 일들을 더 많이 수용하고 있음을 발견하게 된다. 친구들은 우리가 삶을 얼마나 잘 꾸려 가는지 칭찬을 할 것이다. 우리가 엄격한 자기 훈련의 과정을 제한하기를 그만둘 때, 사람들은 우리가 얼마나 간단하게 자신들을 유지하고 있는지 알게 될 것이다.

  우리 대부분은 비효과적이며 상처를 주는 고통스러운 주기의 반복을 그만두려는 노력으로 이 프로그램을 시작한다. 우리는 언제나 인생의 복잡한 문제들에 대한 답변을 추구한다. 과거에 우리 가운데 일부는 해답을 제공하는 것처럼 보였던 생활 방식이나 신념들을 실험했을지도 모른다. 우리는 이 세상의 일들을 초월한 보다 커다란 능력과의 개인적 관계를 모색했을 수도 있다. 삶을 투자하는 이런 경험은 12단계 프로그램을 통해서 가능한 것이다.

3단계 헌신

이제 나는 더욱 큰 능력이신
하나님과의 동역자 관계를 기꺼이 시작하고자 합니다.

"더욱 크신 능력이신 하나님이시여,
나는 당신의 인도가
나의 무력한 행동으로부터 자유롭게 해서
당신의 뜻을 행동으로 보다 잘 옮길 것으로 믿습니다.
나의 역기능적 가정 생활에 뿌리를 둔
개인적 갈등과 어려움으로부터 벗어나게 하소서.
내 안에 있는 귀한 어린이를
사랑하고 돌볼 수 있는 방법을 알려주소서.
나는 내 삶이 당신의 능력, 당신의 사랑
그리고 당신의 생활 방식의 도움을 받으려 한다는 것을
증거할 수 있도록 온전함을 구합니다.
나는 언제나 당신의 뜻을 구합니다."

제4단계

우리는 자신들에 대한
철저하고 솔직한 도덕적 행위
목록을 만들었다.

우리가 12단계 프로그램을 시작하는 경우는 간혹 현실이 환상의 세계를 옆으로 밀어내는 데 따른 고통스런 일련의 사건들 이후에 일어나기도 한다. 그 결과로 생겨나는 두려움과 불안은 우리의 부정 체계의 방어를 약화시키고 또 우리의 행동 결과들을 인정하면서 자신들을 강제로 바라보게 할지도 모른다. 충격, 불신 그리고 우리 삶이 지닌 문제들을 받아들이는 것은 자기 발견, 치유 그리고 회복과 관계된 삶이 변화하는 모험의 기초를 형성한다. 우리는 자신을 있는 그대로 직면하고 우리가 사회적 학습의 일부로 계발한 무력한 행동을 드러내는 것으로 시작한다. 일단 우리가 이런 사고, 감정 그리고 행동들을 변화시킬 수 있다고 이해하면, 우리는 그것들에 의해서 통제 받은 방법들을 살필 수 있다. 우리의 목적은 그것들의 구속을 무력화하고 그것들을 내버려두거나 아니면 보다 커다란 능력의 도움을 받아서 그것들을 변형시키는 것이다.

처음의 세 단계들을 거치면서 우리는 삶의 먼 곳까지 영향을 끼치는 여러 가지 변화들을 시작하였다. 우리는 1단계에서 우리가 무력하다는 것과, 우리의 삶이 통제할 수 없게 되었다는 것을 인정하였다. 2단계에서는 보다 커다란 능력을 우리의 온전함을 회복시키는 도구로 믿게 되었다. 3단계에서 우리는 우리가 하나님을 이해하는 바대로 우리의 의지와 삶을 하나님의 돌보심에 맡기기로 결단을 내렸다.

우리의 문제나 행동, 감정 혹은 우리 자신에 대한 부정은 우리가 앓는 질환의 핵심 요소이며, 크기의 정도에 따라서 우리 모두에게 발견된다. 그것은 우리가 앓고 있는 질환의 파괴적 측면이다. 그것은 점차 악화되는 행동 양식에서 벗어나지 못하게 묶어 놓기 때문이다. 부정은 우리가 현실과 맞서지 않기 위해서 무의식적으로 활용하는 여러 가지 복잡한 방어와 전략들로 이루어져 있다. 파악이 가능한 일부 부정 형식들은 다음과 같다.

- **단순한 부정**: 실제로 존재함에도 그렇지 않은 체하는 것(예—문제가 존재하고 있음을 가리키는 신체적 증후들을 무시하는 것).

- **축소하기**: 문제를 기꺼이 인정하지만, 그것의 심각성을 인정하려 들지 않는 것(예—어떤 사람과의 관계에서 실제로 명백한 배신이 있을 때에 그 배신행위를 아무런 문제없듯이 인정하는 것).

- **비난하기**: 문제의 근원을 놓고서 다른 사람을 비난하는 것. 행동은 부정하지 않지만, 그 원인은 다른 누군가의 잘못이기 때문이라고 생각하는 것(예—현재의 부적절한 행동 때문에 그것이 부모 때문이라고 비난하는 것).

- **핑계대기**: 자신이나 다른 사람들의 행동에 대해서 핑계를 대거나, 알리바이나 변명 그리고 또 다른 해명을 제시하는 것(예—결근의 실제 이유는 음주 때문이면서도 배우자가 아프다고 전화하는 것).

- **일반화하기**: 일반적인 수준에서 문제를 다루지만, 상황이나 처지의 개인적 또는 정서적인 문제의 원인을 파악하기를 회피하는 것(예―숨겨진 문제의 원인이 약물의존임을 알면서도 친구의 감기 증후들을 동정하는 것).

- **둘러대기**: 위협적인 화제들을 피하려고 주제를 바꾸는 것(예―문제의 핵심을 피하기 위한 "잡담"의 명수가 되는 것).

- **공격하기**: 현 상태에 대해서 언급하면 화를 내거나 짜증을 부리고, 그렇게 해서 문제를 회피하는 것(예―자신의 솔직한 감정을 털어놓는 것을 내켜 하지 않는 것).

12단계의 공부는 우리가 현실을 맞서지 못하게 한 부정하는 습관을 깨닫도록 도움을 준다. 어떤 면에서, 부정은 우리가 유지해 왔던 자기 가치나 품위의 일부를 어떻게든 보존하는 데 도움을 주기도 하였다. 4단계는 우리로 하여금 자신들의 부정 체계를 살필 수 있도록 허용하는데, 그것은 지금까지 우리의 주요 생존 수단이었다. 부정은 또 우리의 지각을 왜곡시켰으며 우리의 판단을 약화시켜서 자신을 현혹시키고 정확한 자기 이해가 불가능하게 만들었다.

도덕적 행위 목록 정리는 과거가 아니다. 그것은 순간적으로 일어나고 있는 일에 대한 목록이며 과거에 관심을 갖지 않는다. 이 방식으로 그것을 바라보면, 두려움 없는 도덕적 행위 목록 정리를 시도하는 일은 더욱 쉬어진다. 우리는 현재를 두려워할 이유가 없기 때문이다. 4단계에서 기록은 특히 중요하며, 동시에 그 과정의 본질적인 부분이 된다. 우리가 지닌 특성들을 기록하는 순간, 그 특성이 지닌 부정적인 측면은 물론 긍정적인 측면까지 발견한다. 우리 가운데 그 누구도 한 쪽만을 가지고 있을 수는 없다. 우리의 장점과 단점들에 대해서 균형 잡힌 견해를 유지하는 일은 중요하다. 우리의 주요 목적은 우리가 발견한 바, 즉 우리가 자신들을 있는 그대로 받아들일 경우 치유가 보다 쉽게 일어난다는 사실을 받아들이는 것이다.

우리가 행동의 원인들을 보다 완벽하게 이해하는 순간, 우리는 성인 아이에 관한 선명하고 성숙한 관점을 발전시키게 될 것이다. 우리가 어려서 입은 정서적인 상처(外傷)들은 대개 우리가 통제할 수 없는 일들로부터 비롯되었다. 우리는 자신들의 상처 입은 내재아가 어떻게 현재 우리의 성인이 된 이후의 행동에 계속해서 영향을 끼치는지 확인할 수 있다. 우리는 상처를 입히는 어린 행동이나 그것이 등장할 때마다 느끼는 좌절감을 끝낼 수 있다. 4단계는 우리의 보다 커다란 능력에 의해서 변형되고 치유될 수 있는 어린 시절의 여러 가지 근원들을 드러낸다. 우리가 처한 조건들은 계속해서 뿌리로부터 뻗어나는 잡초를 윗부분만 잘라 내는 정원사와 비교할 수 있다. 이런 유형의 정원 손질은 완벽한 일 처리가 아니다. 그것은 표면 아래에 감추어진 뿌리를 건드리지 않기 때문이다. 우리의 삶을 보다 커다란 능력에게 맡기는 것은 우리의 삶에 영향을 끼친 기억들을 뿌리뽑는 데 중요한 것이다.

원한과 두려움은 우리의 문제 행동을 일으키는 원인이며 기폭제이다. 그것들은 우리가 어려서 행동하던 방식에 강력한 영향을 끼쳤고, 그 때문에 우리는 오늘날 성인이 된 우리의 행동에 그것들이 심각하게 영향을 끼치고 있음을 확인할 수 있다. 표현하지 못하는 분노에 대한 다른 감정들 가운데 원한은 여러 정신적 및 신체적 질환들을 일으키는 근원이다. 심각한 원한을 품고 생활하면 자신은 피해자라는 감정, 낙심 또는 좌절감은 물론, 건강 쇠약에 빠지게 할뿐이다. 우리는 자신도 모르는 사이에 원한이 우리를 지배하도록 하며, 우리를 파괴할 수 있는 능력을 주게 된다.

두려움이 지닌 파괴력은 우리가 회복의 과정을 통하여 얻고자 하는 평안을 위협한다. 현재의 회복 수준에서 우리는 자신들의 여러 행동에 영향을 끼치는 두려움을 어느 정도 경험할 수 있다. 우리가 지닌 두려움의 근원이 무엇이든 간에(가령, 버림받는 것에 대한 두려움, 권위 있는 사람으로부터의 비난이나 인정받지 못하는 것), 그것은 우리의 사고를 좌우하고 우리의 행동을 통제할 수 있으며, 그에 따라서 우리의 회복은 위험을 받게 된다. 우리가 두려움에 대한 목록을 정리하는 순간, 그것은 우리가 실패를 하거나 무언가 잘못을 범했다고 믿는 상황에서 특히 위력을 발휘한다는 것을 알게 될 것이다.

두려움이나 원한을 기꺼이 직면하는 데는 용기가 필요하다. 그렇지만, 보다 커다란 능력에 대한 신앙은 하나님께서 우리에게 도움을 주기 위해 다가오게 하는 바탕이 된다. 원한과 두려움에서 비롯된 영적 황무지는 우리의 보다 커다란 능력의 인도하심을 따라 각 단계들을 진지하게 공부할 때 극복될 수 있다.

4단계는 우리에게, 어쩌면 처음으로 자신들과 삶을 정직하게 살필 수 있는 방법을 가르쳐 준다. 우리가 이것을 조심스럽게 행할 경우, 우리 자신에 대한 새로운 자각이 시작될 수 있다. 증가된 우리의 감수성은 우리에게 경고가 되거나 압도적인 성격의 일부 측면들을 발견하도록 도움을 줄 수 있다. 우리가 주의 깊게 1단계부터 3단계까지 공부를 했다면, 이 발견은 보상이 될 것이다.

4단계의 도덕적 행위 목록 정리를 준비할 때, 우리는 성격의 특성을 살피고 우리의 단점과 장점들을 검토한다. 우리가 자신들의 단점을 받아들이지 못하기 때문에 가끔씩 스스로에게 파괴적이며 다른 사람들의 단점들을 이용하는 행동을 하기도 한다. 우리의 장점들은 우리 자신들과 다른 사람들에게 긍정적인 영향들을 끼치는 행동 속에서 확인된다. 우리의 자기 이해는 우리가 자신들과 다른 사람들에게 우리가 세계를 보는 방식을 지배하는 개념, 신념 그리고 자세들을 어떻게 전하고 또 어떻게 그것을 관련시키는지 발견하는 순간 가속화될 것이다.

우리가 도덕적 행위 목록 정리를 준비하는 것은 우리의 이익을 위해서이다. 그것은 주로 우리에게 회복으로 나아가고 또 자유에 이르는 길을 마련해 주는 도구가 될 것이다. 우리가 도덕적 행위 목록을 기록하는 순간, 불편하고 불안한 감정들이 생길 수 있다. 이런 감정들이 완벽하게 정직해지는 것을 어렵게 만들 경우, 부정하는 습관이 작동할 수도 있다. 이런 일이 벌어지면, 우리는 한 동안 세심한 반성을 할 수 없다. 우리 개인의 과거를 검토하는 일은 이따금씩 감추어진 감정들이 드러나도록 만들 것이다. 우리가 간직해 온 부정적이고, 바라지 않았고 또 과도한 정서적 짐들은 우리 자신의 이해 때문에 점차 무시될 수 있다. 우리가 오래되고, 쓸모 없는 자세들을 포기하는 만큼, 우리는 보다 커다란 능력이 언제나 우리와 함께 하고, 우리가 이 프로그램을 완수하는 데 필요한 지원과 안도를 제공한다는 것을 기억하지 않으면 안된다.

촛불을 켜소서

오 내가 이해하는 하나님,
나의 마음에 있는 촛불을 켜소서,
그리하여 나는 안에 있는 것을 보게 되고
과거의 좌절을 버릴 수 있사오니.

「출구를 위한 12단계 기도」 중에서)

도덕적 행위 목록 정리 준비를 위한 주요 지침들

이 4단계 도덕적 행위 목록 정리 지침에 제공된 자료는 다른 12단계 프로그램들에 사용된 도덕적 행위 목록 정리 지침들과는 약간 다르다. 여기에서는 알코올과 관련되었거나 기타 상처를 주는 행동이 더 많은 가정 출신의 성인 아이들에게서 흔히 볼 수 있는 성격적 결함에 초점을 맞추었다. 여러분이 도덕적 행위 목록 정리를 준비할 경우, 자신에게 독특하게 적용되는 행동 특징들을 선택하라. 한꺼번에 모든 것을 시도하지 말라. 최근의 사건들을 사용하고 가능한 한 정확하게 말과 행동을 기록하라. 시간을 가지라. 전부를 불완전하게 하는 것보다 일부를 철저하게 하는 것이 더 낫다.

도덕적 행위 목록 정리는 원한과 두려움의 연습에서 시작해서 일련의 성격 특징들을 검증하는 것으로 이어진다. 이 과정은 여러분이 5단계를 스스로 준비할 수 있게 한다. 이 도덕적 행위 목록 정리를 정직하게, 그러면서도 철저하게 하는 것은 일차적으로 여러분에게 도움이 된다.

일반화시키지 않는 것이 중요하다. 여러분이 "고립"에 대해서 제시된 예를 기록할 때, 자세히 밝히는 것은 행동 특성을 파악하는 데 도움이 된다. 여러분이 자신의 행동에 대한 자세한 사례들을 기록할 때, 누가, 언제, 어디서, 무엇을 포함시켜야 한다. 최대한의 능력을 발휘해서 여러분과 그 상황 속에서 관련된 모든 사람들의 이름을 제시하고(누가), 이 행동이 발생한 날짜를 기록하고(언제), 이 행동이 발생한 장소를 지적하고(어디서), 끝으로 여러분의 감정이나 행동을 묘사하라.

원한

우리의 정신적 및 신체적 질병들은 종종 우리가 품은 원한을 의식하지 못하는 데 따른 결과이다. 이런 감정들은 우리가 자신들과 보다 커다란 능력을 신뢰하지 못하고, 삶 때문에 희생자가 되었다고 느낄 때 우리의 생활 방식 가운데 일부가 된다. 건강한 방식으로 원한을 다루는 법을 익히는 것은 회복 과정에서 귀중한 부분이다.

원한이 자신에게 문제가 되는 상황들을 검토하라. 이런 조건들을 소개하면서 다음의 질문들에 대답하라.

- 여러분은 어떤 것 혹은 어떤 사람에게 원한을 품고 있는가?(예, 제도나 원리들)

- 여러분은 왜 원한을 품고 있는가?

- 이 원한은 여러분이 생각하고, 느끼고 또 행동하는 방식에 어떻게 영향을 끼쳤는가?(예, 낮은 자존감, 직업의 상실, 관계 유지의 어려움, 신체적 해로움이나 위협들)

- 어떤 성격적 특징이 나타나는가?(예, 인정받고자 함, 통제, 감정적 마비)

예: 나는 직장 상사에게 원한이 있다. 이유는 왜 내가 우울한지에 대해서 해명했을 때 그가 귀를 기울이지 않기 때문이다. 이것은 나의 자존감에 영향을 끼친다. 이것은 나의 분노를 활성화시킨다.

두려움 연습

우리의 정신적 및 신체적 질병들은 종종 우리가 품은 두려움을 의식하지 못하는 데 따른 결과이다. 이런 감정들은 우리가 자신들과 보다 커다란 능력을 신뢰하지 못하고, 삶 때문에 희생자가 되었다고 느낄 때 우리의 생활 방식 가운데 일부가 된다. 건강한 방식으로 두려움을 다루는 법을 익히는 것은 회복 과정에서 귀중한 부분이다.

두려움이 자신에게 문제가 되는 상황들을 검토하라. 이런 조건들을 소개하면서 다음의 질문들에 대답하라.

- 여러분은 어떤 것 혹은 어떤 사람을 두려워하는가?(예, 사람, 제도, 원리들)

- 여러분은 왜 두려워하는가?

- 이 두려움은 여러분이 생각하고, 느끼고 또 행동하는 방식에 어떻게 영향을 끼쳤는가?(예, 낮은 자존감, 목표를 이루지 못함, 관계유지의 어려움, 신체적 해로움이나 위협들)

- 어떤 성격적 특징이 나타나는가?(예, 인정받고자 함, 통제, 감정적 마비)

예: 나는 배우자를 두려워한다. 이유는 나는 결코 배우자를 만족시킬 수 없다고 느끼기 때문이다. 이것은 나의 자존감과 성생활에 영향을 끼친다. 이것은 거절 받는 것에 대한 두려움을 활성화시킨다.

도덕적 행위 목록 정리 지침들(약점)

아래에 소개된 보기는 넷째 단계 도덕적 행위 목록 정리의 일부로 제기된 질문들을 완성하는 데 도움이 될 것이다. 제시된 지침들을 따르되 가능한 한 철저해지라. 용어의 정의에 대해서는 도덕적 행위 목록 정리 부분에 실린 고립 부분을 참고하라.

고립

- 여러분이 자신을 고립시키고 있음을 보여주는 행동들의 구체적인 사례를 소개하라; 예,
  - 나는 지난 토요일에 샤론이 초대한 파티를 거절했다.
  - 나는 운영 회의 시간에 적극적으로 참여하지 않았다.

- 밑에 깔려 있는 원인들을 찾아내서 설명하라(두려움, 원한, 분노, 죄책감); 예,
  - 나는 자제력을 잃으면 어리석은 짓을 할까 봐 두렵다. 나는 다른 사람과 어울리지 못하거나 이목을 끄는 게 걱정된다.
  - 나는 자신을 자유롭게 표현할 경우 개인적인 비판을 받을까 봐 두려워한다.

- 상처와 위협을 받고 있는 것이 무엇인지 찾아내서 설명하라(자존감, 목표, 안전, 개인적 또는 성적 관계들); 예,
  - 나의 자존감은 내가 다른 사람에게 자신을 드러낼 때 영향을 받게 된다. 나는 자신을 무자비하게 비판한다. 이것은 사랑스런 관계를 유지하고 새로운 사람들을 만나려는 욕구를 방해한다.
  - 나는 내 직업이 안전하지 못하다고 느낀다.

도덕적 행위 목록 정리 지침들(장점)

아래에 소개된 보기는 넷째 단계 도덕적 행위 목록 정리의 일부로 제기된 질문들을 완성하는 데 도움이 될 것이다. 제시된 지침들을 따르되 가능한 한 철저해지라. 용어의 정의에 대해서는 도덕적 행위 목록 정리 부분에 실린 고립으로부터의 회복을 참고하라.

고립으로부터의 회복

- ■ 여러분이 자신들을 이전보다 덜 고립시키고 있음을 보여주는 행동의 구체적인 사례를 소개하라; 예,
  - 나는 오늘 다이앤과 이블린과 더불어 점심을 먹으로 갔다. 나는 편안하고 안락하게 느꼈고, 그래서 대화를 나눌 수 있었다. 나는 친밀한 관계에서 필요하다고 느끼는 어떤 특별한 감정들을 과감하게 나누었다. 나는 위험하다는 느낌을 갖지 않았다. 그들이 진지하게 귀를 기울이고 또 나의 확신을 존중하는 것을 확인할 수 있었기 때문이었다.
  - 지난 월요일 운영 회의 시간에, 나는 업무 비용의 증가와 관계된 제안을 하였다. 나에게 주어진 것은 비판이 아니라 통찰력을 주었다는 감사를 받았다.

- ■ 여러분이 언제나 자신을 고립시키곤 하는 상황들을 더욱 확실히 알게 될 때 무엇을 성취하기를 희망하는가? 예,
  - 나는 확신을 확대시킬 수 있고 사회적 환경이 보다 편안해질 수 있도록 도움을 주는 새롭고, 건전한 관계를 만들어 가고 싶다. 나는 보다 유연해져서 자연스럽고 재미있게 되는 것을 배울 수 있기를 희망한다.
  - 나는 사업상의 환경에서 보다 단호하고 적극적이 되기를 바란다. 나는 이 의지가 나의 모든 잠재력을 깨달을 수 있는 기회를 제공할 것으로 믿는다.

억압된 분노

분노는 성인 아이의 삶이 지닌 여러 가지 문제들의 주된 근원이다. 그것은 우리가 종종 억누르는 감정이다. 이것의 용납은 우리를 불편하게 만들기 때문이다. 우리는 혼란스런 가정에서 자신들을 보호할 목적으로 우리의 분노를 부정하거나 아니면 그것을 부적절하게 표현했었다. 어떤 방법이든 간에, 우리의 감정들을 간단히 무시하는 것은 우리 자신을 지키는 데 더 안전한 방법이었다. 그런데 우리는 억압된 분노가 심각한 원한이나 우울감으로 발전할 수 있음을 의식하지 못했다. 그것은 또한 심각한 신체적 합병증이나 스트레스와 관련된 질병들을 유발시킬 수 있다. 요즈음 분노를 부정하거나 그것을 부적절하게 표현하는 것은 다른 사람과의 관계에 문제를 일으킨다. 우리는 분노를 표현할 경우 일어날 수 있는 결과들에 대해서 겁을 먹고 있기 때문에 행복한 척할 수 있다.

우리가 분노를 억압할 때, 다음과 같은 것들을 경험할 수 있다:

원한	우울감
자기 연민	슬픔
질투	스트레스
불안	신체적 불편함

억압된 분노로부터의 회복

분노를 표현하는 법을 익히는 것은 우리 회복의 주요 단계이다. 그것은 다른 감추어진 정서들의 표출을 자극하고 다른 사람들에게 우리의 상처와 좌절을 알려줄 수 있다. 우리는 한계들을 설정하고 스스로에게 정직해지기 시작한다. 우리가 분노를 보다 적절하게 표현하는 법을 배우는 순간, 우리는 타인들에 대한 분노는 물론 자신들의 적대감까지 더 잘 다룰 수 있게 된다. 우리가 자신들을 편안하게 표현하고 있다고 느끼기 시작하는 순간 우리의 관계는 개선된다. 스트레스와 관련된 문제들은 사라지고, 신체적으로도 더 편한 느낌을 갖는다.

우리가 억압된 분노로부터 회복될 때, 다음과 같은 것들을 시작한다:

분노의 적절한 표현	자신들의 한계 설정
상처 입은 감정들의 확인	내적 평안을 즐김
분노를 가라앉힘	스트레스와 불안의 감소

인정받고자 함

역기능적인 양육의 결과 때문에 우리는 인정받지 못하는 것과 비판을 두려워한다. 우리는 어릴 적에 부모, 조부모, 형제 자매 그리고 중요한 사람들로부터 필사적으로 인정을 받고 싶어했었다. 그러나 바라는 것처럼 인정을 받지 못했다. 때문에 우리는 지금도 끊임없이 다른 사람들로부터 인정받는 것을 추구한다. 그렇지만, 이 인정받고자 하는 욕구는 우리의 생활 양식과 다른 사람들의 욕구를 생각하는 방식에 심각한 영향을 끼친다. 우리는 스스로를 사랑하거나 인정하는 법을 모르면서 자신들에 관해서 좋게 느끼기 위해서 다른 사람들로부터 확인을 받으려고 하고, 다른 사람들이 우리를 좋아하게 만들 일을 할 수 있다. 이 "또 다른 초점"은 우리 자신의 바램이나 욕구, 감정이나 필요를 발견하지 못하게 만든다. 우리는 다른 사람들의 반응들을 주시하고, 우리가 그들을 즐겁게 할 필요가 있다고 가정하고, 이어서 우리에 대한 인상을 조작하려고 시도한다. 우리는 모든 사람을 즐겁게 하려고 노력하고, 또한 다른 사람에게 상처를 주지 않기 위해서 종종 자신에게는 건설적이지 못한 관계에 빠진다.

우리가 다른 사람에게 인정받고자 하는 욕구를 지니고 있을 때, 다음과 같은 감정들을 가질 수 있다:

사람들을 즐겁게 하기   자신은 가치가 없다는 감정
비난을 두려워하기   우리 자신의 욕구를 무시하기
실패를 두려워하기   자존감의 결여

인정받고자 하는 것으로부터의 회복

우리가 자신의 인정과 더욱 큰 능력이신 하나님의 인정을 의존하기 시작하는 순간, 우리는 인정받고자 하는 것이 괜찮은 일이라는 것을 이해하고, 인정받기 위해서 다른 사람들을 조종하기보다는 그것을 구하는 법을 배운다. 우리는 다른 사람의 칭찬을 받아들이고 간단하게 "고맙다"고 말하는 법을 배운다. 우리는 그 칭찬이 진실하다고 믿는다. 우리는 우리의 욕구에 초점을 맞추고서 "예"가 적당한 대답이면 "예"라고 말하고 "아니오"라고 해야 할 때는 "아니오"라고 말한다.

우리가 적절하지 못한 인정받고자 하는 것으로부터 회복될 때, 다음과 같은 것들을 시작한다:

우리 자신의 욕구들을 인식하기
자신에게 충실하기
우리의 감정에 관한 진실을 말하기
자신과 다른 사람에 대한 신뢰를 구축하기

다른 사람을 돌보는 사람

우리가 다른 사람을 돌보고, 그들의 문제들을 해결하고, 그들의 욕구를 충족시켜 주려고 하는 한, 우리는 자신을 돌볼 시간을 갖지 못했다. 이 특징이 더욱 분명해지는 만큼, 우리는 자신의 정체성을 완벽하게 상실했다. 우리는 어릴 적에 우리의 능력으로는 전혀 어쩔 수 없는 타인들의 걱정과 문제들에 대해서 책임이 있다고 생각했었고, 따라서 정상적인 아동기를 갖지 못했다. 비현실적인 요구들이 우리에게 부과되고, 우리 가운데 일부의 경우에는 "작은 어른"이라는 칭찬을 들으며 자랐는데, 그것은 우리가 하나님과 같은 능력을 지닌 것으로 믿게 만들었다. 다른 사람을 돌보는 것은 우리의 자존감을 증대시켰고 절대 피할 수 없는 것으로 느끼게 만들었다. 그것은 우리의 삶에 목적을 주었다. 다른 사람을 돌보는 사람인 우리는 종종 우리가 필요하다고 확신되는 혼란스런 상황들을 더 편하게 느낀다. 우리가 다른 사람들이 받기만 하고 주지 않음을 간혹 원망하기도 하지만, 우리는 줄줄만 알지 받을 줄은 모른다. 우리는 다른 사람들이 우리를 돌보는 것을 용납할 줄 모른다. 우리에게는 자신들을 돌보는 법을 가르쳐 줄 모델이 없었다.

다른 사람을 돌보는 사람들인 우리는 다음과 같은 행동을 할 수 있다:

자신들을 절대 필요하게 만든다   정체성을 상실한다
사람들을 보호하고 충고한다   상호의존적이 된다
죄책감이나 부자연스러움을 느낀다.
우리 자신의 욕구들을 무시한다

다른 사람을 돌보는 사람으로부터의 회복

다른 사람을 돌보는 사람의 역할을 중지하는 순간, 우리는 모든 사람과 모든 문제에 대한 책임이 점점 더 줄어들게 되고 개인들이 나름대로의 방법을 찾도록 용납하게 된다. 우리는 보다 커다란 능력에 그들을 맡기는데, 그 능력은 그들 자신의 인도, 사랑 그리고 지원을 위한 최상의 근원이다. 우리는 모든 사람들의 욕구에 부응하는 부담을 벗어버림으로써 우리 자신의 성품들을 계발할 시간을 발견한다. 우리가 다른 사람을 돌보기 집착하는 것은 궁극적으로는 우리가 다른 사람들의 삶을 통제하지 못한다는 사실을 수용하는 것으로 대체된다. 우리는 삶에 대한 우리의 주된 책임이 우리 자신의 번영과 행복임을 인식하게 된다.

우리가 다른 사람을 돌보는 일을 그만둘 때, 다음과 같은 행동을 시작한다:

다른 사람을 구하고 충고하는 것을 그만둔다.
우리의 정체성과 흥미를 계발한다.
자신을 돌본다.
도움에 대한 한계를 설정한다.
의존적인 관계를 인식한다.

통제

우리는 어려서 희생자들이었다. 우리는 삶 속에서 발생한 환경이나 사건들을 거의 또는 전혀 통제하지 못했다. 따라서 우리는 어른이 되어서도 안전과 예측에 대해서 이상할 정도의 욕구를 지니고 있고 우리의 감정과 행동은 물론 다른 사람들까지 통제하려고 한다. 우리의 두려움은 엄격함을 조성하고 자연스러운 삶을 살지 못하게 한다. 우리는 과제를 완수하거나 상황을 조절하기 위해서 자신들만을 의지한다. 우리는 인정을 받기 위해서 다른 사람들을 조종하고, 안정감을 느끼게 하기 위하여 다른 사람과 상황을 엄격하게 통제하려고 한다. 우리는 통제의 역할을 포기하면 우리의 삶이 악화될 것이라고 두려워하고, 또 우리의 권위가 위협을 받을 때 스트레스를 받고 불안해진다.

통제하려는 욕구 때문에, 우리는 다음과 같은 행동을 할 수 있다.

변화에 대한 과도한 반응	비판적이 되거나 엄격해짐
신뢰의 결여	인내하지 못함
실패를 두려워함	다른 사람들을 조종하려 함

통제로부터의 회복

우리는 안전이나 평안을 느끼기 위해서 사람들이나 상황을 통제하려고 시도한 방법을 보다 잘 깨닫게 된다. 우리는 우리의 시도가 전혀 무용했다는 것을 깨닫는다. 우리의 통제에도 불구하고 다른 사람들은 자신의 방법이나 상황에 따라서 일을 처리한다. 우리는 하나님을 안전의 근원으로 받아들이기 시작하는 순간 자신들의 욕구에 부응할 수 있는 보다 효과적인 방법들을 발견한다. 우리가 자신들의 의지와 자신들의 삶을 그분의 돌보심에 맡기기 시작할 때, 우리는 스트레스와 불안을 덜 경험하게 될 것이다. 우리는 일차적으로 자신들의 안전을 걱정하지 않으면서 여러 활동에 더 많이 참여할 수 있게 된다. 통제의 욕구가 다시 출현하는 것을 인식하기 시작할 때마다 평안의 기도를 하는 것은 우리에게 도움이 된다.

우리가 통제를 포기할 때, 다음과 같은 행동을 시작할 수 있다:

변화를 수용함
스트레스 수준을 낮춤
자신들을 신뢰함
즐거움을 가질 수 있는 방법들을 발견함
다른 사람들에게 권한을 부여함
다른 사람들을 있는 그대로 받아들임

버림받는 것에 대한 두려움

버림받는 것에 대한 두려움은 우리가 어린 시절에 겪은 부모들의 정서적 또는 신체적 상실에 대한 무의식적인 반작용이다. 우리는 어려서 무책임하고, 정서적으로 불안한 성인에게서 예측 불능한 행동을 목격했다. 부모들의 중독이 격심해진 것처럼, 무능력도 그랬다. 우리는 어려서 부모들이 우리에게 줄 수 있는 것보다 많은 관심을 요구하였다. 그러나 그들의 관심은 다른 곳에 있었다. 성인이 된 우리는 역시 정서적으로 도움이 되지 못하는 배우자들을 선택하는 쪽으로 기울어진다. 우리는 실제로 버림받는 것과 그 고통을 회피하기 위해서 자신들의 "애정" 욕구를 배우자들의 온갖 욕구를 충족시켜 주는 것으로 채우려고 한다. "기분을 맞추려고" 하고, 그에 따라서 버림받을 가능성을 줄이는 것은 관계에 얽힌 문제나 갈등을 다루는 것보다 우선하게 되고, 의사 소통이 거의 없는 긴장된 환경을 조성한다.

우리가 버림받는 것을 두려워할 때, 다음과 같은 행동을 할 수 있다:

불안을 느낌
지나치게 걱정함
다른 사람을 기쁘게 하려는 사람이 됨
자신을 주장할 때 죄책감을 느낌
혼자 있는 것을 피함
상호 의존적이 됨

버림받는 것에 대한 두려움으로부터의 회복

우리가 하나님의 영원한 사랑을 보다 더 의존하는 법을 배울 때, 환경을 조정할 수 있는 우리의 능력에 대한 확신은 증가한다. 버림받는 것에 대한 두려움은 사라지고 또 우리는 나름의 권리를 지닌 가치 있고, 사랑스럽고 또 귀한 사람들이라는 감정으로 서서히 대치된다. 우리는 스스로를 사랑하고 돌보는 사람들과의 건전한 관계를 추구한다. 우리는 자신들의 감정을 드러내는 것과 관계를 유지하는 데 겪는 문제를 털어놓는 것이 보다 안심이 된다. 우리는 자신들의 오랜 두려움을 보다 커다란 능력과 우리에게 관심을 보이는 다른 사람들에 대한 신뢰로 전환시킨다. 우리는 우리 사회의 양육적이며 애정 어린 친교를 이해하고 수용하는 법을 익힌다. 우리가 삶 속에 함께 하시는 하나님 때문에 결코 다시는 완전히 혼자가 될 수 없음을 깨닫기 시작하는 순간 우리의 자기 확신은 성장한다.

버림받는 것에 대한 두려움이 사라질 때, 다음과 같은 행동을 시작할 것이다:

우리 감정에 솔직해짐
다른 사람들과의 관계에서 우리 욕구를 고려함
혼자 있어도 편안하게 느낌
확신을 표현함
다른 사람과의 관계에서 일어나는 문제에 대해서 말함

권위자에 대한 두려움

권위를 가진 지위에 있는 사람들에 대한 두려움은 부모가 우리에게 비현실적인 기대를 한 데 따른 것일 수 있다. 부모가 우리의 능력 이상을 원한 것이다. 그들의 판단적, 비판적, 비난적인 양식과 그들의 일관되지 못한 분노는 우리가 다른 사람들을 대하는 태도에 영향을 끼쳤다. 우리는 권위 있는 사람이 우리에 대해서 비현실적인 기대를 갖고 있는 것으로 생각하고 그들의 기대에 부응할 수 없음을 두려워한다. 다른 사람들의 간단한 주장도 우리는 간혹 화를 내거나 우리를 통제하려고 하는 시도라고 잘못 해석하기도 한다. 이것 때문에 우리는 겁을 먹게 되고, 우리는 과민하고 취약한 방식으로 반응을 보일 수 있다. 우리는 대결이나 비난을 피하기 위해서 우리의 온전함과 가치를 힘있는 사람의 그것들과 조절하려고 타협한다. 얼마나 능력이 있는지 모르는 우리는 자신을 다른 사람들과 비교하고 우리가 부적절하다고 결론짓는다.

권위자에 대한 두려움은 우리에게 다음과 같은 행동을 일으킬 수 있다:

거절이나 비판을 두려워함
자신을 다른 사람들과 비교함
사물들을 개인적으로 받아들임
행동보다 자신이 옳다는 것을 주장함
감추기 위해서 거만해짐
자신이 부적절하거나 쓸모 없다고 느낌

권위자에 대한 두려움으로부터의 회복

우리가 권위 있는 사람들에게 편안한 감정을 갖기 시작하는 순간, 우리는 비판을 보다 긍정적인 시각에서 받아들이고 또 그것이 배움의 도구가 될 수 있음을 발견한다. 우리는 권위 있는 인물들도 우리처럼 두려워하고, 변명하고 또 불안해하는 존재로 인식한다. 우리가 문제들을 개인적으로 받아들이지 않을 때, 우리는 그들의 행동이 우리가 자신들에 관해서 어떻게 생각해야 할지를 결정하지 않는다는 것을 깨닫게 될 것이다. 우리는 단순히 다른 사람들에게 반응하기보다 상황을 평가하고 우리의 행동을 선택하기 시작한다. 우리는 궁극적으로 권위 있는 분은 언제나 우리와 함께 하시는 보다 커다란 능력이신 하나님이라는 것을 깨닫는다.

우리가 권위 있는 인물에 대해서 편안해지는 순간, 다음과 같은 행동을 할 수 있다:

증가한 자존감을 따라 행동함
건설적인 비판을 받아들임
자신을 주장함
권위 있는 사람들과의 부담 없는 상호작용

감정의 마비

우리 대부분은 자신들의 감정들을 본래보다 훨씬 적게 표현하고 있음을 인정하는 데 어려움을 겪는다. 우리의 감정들은 어려서 인정받지 못했고, 분노를 만나고 거절을 당했다. 우리는 생존수단으로서 감정들을 숨기거나 그것들을 전적으로 억누르는 법을 익혔다. 성인이 된 우리들은 마음속에 고통, 죄책감, 수치심 그리고 분노라는 감정들을 쌓아 두고, 종종 그 존재나 격렬함을 의식하지 못하기도 한다. 우리는 "안전한" 감정을 갖기 위해서 "받아들여질 수 있는" 감정들을 느끼도록 용납할 수 있을 뿐이다. 우리가 인생과 삶에 반응하는 방법은 우리가 실제로 느끼는 바의 실체로부터 스스로를 보호하기 위해서 왜곡시키는 것이다. 왜곡되고 억압된 감정들은 원한, 분노, 그리고 우울을 유발하고, 그것은 이따금씩 신체적 질병으로 연결될 수 있다.

우리가 마비된 감정들을 가지고 있을 때, 다음과 같은 행동을 할 수 있다:

우리 감정들을 깨닫지 못함   우울을 경험함
왜곡된 감정들을 가짐   신체적 질병이 발전함
우리의 감정들을 억압함   다른 사람과의 관계가 깊지 못함

감정의 마비로부터의 회복

우리가 자신들의 감정과 접촉하고 그것들을 표현하는 법을 익히는 순간, 흥미로운 일들이 발생하기 시작한다. 우리가 자신들의 감정을 정직하게 표현할 수 있게 될 때 우리의 스트레스 수준은 내려간다. 우리는 감정의 솔직한 표현이 의사 소통의 건전한 방법이라는 것을 배우고, 그 때문에 우리는 감정을 우리와 나누는 사람들을 발견하게 될 것이다. 우리가 속에 품고 있던 자신들의 감정을 털어놓기 시작하는 순간, 우리는 분명히 어느 정도의 고통을 경험한다. 그러나 우리가 자발적으로 감정을 드러내도록 용납하는 순간 고통은 줄어들게 되고, 우리는 그것들 때문에 별로 놀라지 않거나 압도되지 않는 자신들을 발견하게 된다. 우리가 기꺼이 자신들의 정서를 털어놓는 위험을 감수하는 만큼 우리는 우리 자신들과 보다 커다란 능력, 그리고 다른 사람들과의 효과적이며 친밀한 관계를 유지하게 될 것이다.

우리가 자신들의 감정들을 경험하고 표현할 때, 다음과 같은 행동을 시작한다:

우리의 감정을 깨달음
우리의 진정한 자아를 경험함
감정을 공개적으로 표현함
우리의 욕구를 다른 사람에게 표현함
친밀감의 수준이 증가함

고립

우리는 대개의 경우 자신들에게 불편한 상황으로부터 물러나는 것이 안전하다고 생각한다. 우리는 스스로를 고립시킴으로써 다른 사람들이 우리의 실제 모습을 보지 못하게 만든다. 우리는 스스로에게 자신은 무가치하고, 그렇기 때문에 사랑, 관심 또는 수용될 만하지 못하다고 말한다. 우리는 또 스스로에게 우리의 감정을 표현하지 않으면 처벌을 받거나 상처를 입지 않을 것이라고 말한다. 우리는 위험을 감수하기보다 오히려 숨기는 쪽을 선택하고, 그렇게 함으로써 불확실한 결과와 맞서야 할 필요를 제거한다.

우리가 자신들을 고립시킬 때, 다음과 같은 행동을 할 수 있다:

거절을 두려워함　　패배 의식을 가짐
외로움을 경험함　　자기 연민에 빠짐
자신을 비판함　　　자신들을 다른 사람들과 다르다고 생각함

고립으로부터의 회복

우리가 스스로에 관해서 보다 나은 감정을 갖기 시작할 때, 우리는 기꺼이 위험을 감수하고 자신들을 생소한 사람이나 환경에 노출시키게 된다. 우리는 양육적이고, 안전하며, 지원적인 친구들이나 관계들을 추구한다. 우리는 집단적인 활동에 참여해서 즐기는 법을 배운다. 사람들이 우리의 실제 모습을 받아들일 것이라고 인식할 때 우리의 감정을 표현하는 것은 보다 쉬워진다. 역으로 우리의 자기 수용과 성장하고 있는 자존감은 우리로 하여금 삶이라는 소중한 선물을 보다 편안하고 안정되게 경험하도록 만든다.

우리가 자신들을 덜 고립시키면, 다음과 같은 행동을 하기 시작한다:

덜 자기중심적이 됨
자신과 다른 사람을 받아들이기
다른 사람들과 적극적으로 어울림
지원적인 관계를 계발함
우리의 정서를 표현함

낮은 자존감

우리는 어려서 결코 우리 자신의 능력들을 믿도록 격려를 받은 적이 없었다. 끊임없는 비판의 결과로 우리는 "나쁘고" 또 자신이 여러 가지 가정 문제의 원인이라고 믿게 되었다. 사랑 받고 용납되는 느낌이 들면, 우리는 즐거움을 더욱 억제하고, 완벽해지고, 또 책망을 벗어나려고 노력했다. 우리가 힘들여 노력하면 할수록, 우리는 더욱 더 좌절하게 되었다. 우리가 무엇을 하든 간에, 우리는 "우리보다 큰 사람들"을 만족시킬 수 없었다. 우리는 자신을 낮게 평가하였고, 그것은 목표를 세우고 그것을 성취하는 우리의 능력에 영향을 끼쳤다. 우리는 실수를 범하는 것이 두려워서 모험을 회피한다. 우리는 잘못되는 일에 책임을 느끼고, 어떤 일이 잘 될 때에도 자신들을 신뢰하지 않는다. 대신에, 우리는 자신이 무가치하다고 느끼면서 그것이 지속되지 못할 것이라고 생각한다.

우리가 낮은 자존감을 경험할 때, 다음과 같은 행동을 할 수 있다:

단호해지지 못함	자신을 고립시킴
실패를 두려워함	자신에 대해 부정적인 이미지를 가짐
무기력함을 드러냄	완전해지기를 바람
거절을 두려워 함	

낮은 자존감으로부터의 회복

우리가 더욱 큰 능력이신 하나님과 더불어 우리 자신과 우리의 능력들을 보다 현실적으로 파악하려고 시도하는 순간, 우리의 자존감은 증가한다. 우리는 다른 사람들과 보다 확신에 차서 상호작용을 하고, 우리의 모습 그대로를 수용하고, 우리 자신들의 단점은 물론 장점을 평가할 수 있다. 우리는 보다 자발적으로 기꺼이 모험을 감수하게 된다. 우리가 실수를 통해서 배울 수 있음을 깨달으면, 우리가 가능하리라고 결코 꿈꾸지 못했던 것들을 성취할 수 있음을 알게 된다. 우리가 다른 사람들을 알게 되고 다른 사람들이 우리를 알도록 허용하는 순간 우리는 더욱 안전한 느낌을 갖게 된다. 관계들은 더욱 건강해진다. 우리는 자신들을 신뢰하고, 긍정할 수 있고, 더 이상 다른 사람들의 확인을 구할 필요가 없기 때문이다.

자존감이 증가하는 순간, 우리는 다음과 같은 행동을 시작한다:

더욱 자신을 가짐	자신을 사랑하고 돌봄
더욱 자신 있게 행동함	공개적으로 감정을 표현함
다른 사람들과 편안하게 교류함	모험을 함

지나친 책임감

우리는 역기능 가정에서 어린 시절을 보내면서 부모에게 문제가 있거나 아니면 문제가 일어나는 것을 우리 책임이라고 생각했다. 우리는 "모범적인 어린이"가 되고 문제들을 해소하려고 노력하였다. 우리는 부모들이 느끼고 행동하는 방식에 대해서 책임이 있다고 믿었고, 심지어는 그 결과까지도 그렇게 대했다. 오늘날 우리는 다른 사람들의 욕구와 감정에 지나치게 민감하며, 그들의 감정을 불러일으키고 그들의 욕구를 충족시켜 줄 책임이 있다고 생각한다. 우리에게는 우리의 일을 완벽하게 처리하는 것이 중요하다. 우리는 다른 사람들의 삶이 보다 쉬워지고 스트레스를 덜 받을 수 있도록 자발적으로 일을 처리한다. 이 과도한 책임감은 우리로 하여금 효과적으로 처리할 수 있는 것보다 훨씬 더 많은 것을 감당하게 만든다. 우리는 종종 피해를 입었다거나, 악용되었다거나, 진가를 인정받지 못했다거나, 또는 적개심의 감정으로 끝난다.

우리가 지나치게 책임감을 느낄 때 다음과 같은 행동을 할 수 있다:

인생을 너무 심각하게 받아들임   높은 성취욕구자가 됨
경직됨   그릇된 자존심을 가짐
완벽주의자가 됨   다른 사람들을 조종함
다른 사람들에 대한 책임이 있다고 생각함

지나친 책임감으로부터의 회복

우리가 다른 사람들의 행위와 감정들에 책임이 없다는 사실을 받아들이면 우리는 어쩔 수 없이 자신들에게 초점을 맞추게 된다. 우리는 다른 사람들의 삶에 영향을 끼치지 못한다는 것과 그 사람들이 자신들을 책임진다는 것을 이해한다. 우리가 자신들의 생각, 감정 그리고 행위들을 책임지고 있다고 가정할 때, 우리를 위한 안내의 원천은 지나치게 책임을 느끼는 우리의 성격이 아니라 보다 커다란 능력이신 하나님이라는 것을 깨닫게 된다. 우리는 이 방식으로 시간을 갖고 우리 자신들을 제일 먼저 지원하고 양육할 수 있는 에너지를 발견하고, 이어서 다른 사람들에게 적당하게 제공하는 법을 익힌다.

우리가 지나치게 책임지는 것을 그만 둘 때 다음과 같은 행동을 시작한다:

자신들을 돌봄	우리의 한계들을 받아들임
여가 시간을 즐김	책임감을 위임함

억압된 성욕

우리는 다른 사람들, 특히 우리와 긴밀하거나 정서적으로 친밀감을 느끼고자 하는 이들에 대한 성적 감정들을 혼란스러워 하고 확신을 갖지 못하고 있다. 우리는 성적 감정들을 부자연스럽고 비정상적으로 생각하도록 훈련을 받아 왔다. 우리는 감정들을 다른 사람들과 공유하지 못하기 때문에, 우리에게는 자신들의 성욕에 관한 건전한 자세를 계발할 수 있는 기회를 갖지 못한다. 우리는 어려서 단짝들과 함께 신체적 성욕을 탐구하다가 엄격하게 처벌을 받았을 수도 있다. 그때 들은 말은 "섹스는 불결하고, 드러내 놓고 이야기해서는 안되며, 회피해야 한다"는 것이었다. 우리는 부모나 통제 불가능한 가까운 친지에게 성적인 괴로움을 당했을 수도 있다. 때문에 우리는 성적 역할을 불편해 한다. 우리는 오해받고 버림받는 것이 두려워서 섹스에 관해서 배우자와 자유롭게 대화하지 못한다. 우리는 사랑과 섹스를 혼동하고 우리의 몸을 거침없이 내맡기거나, 껴안는 정도만으로도 충분한데도 섹스에 동의해 버릴 수 있다. 부모인 우리는 자녀들과 성에 대해서 논의하는 것을 피하고, 따라서 자녀들이 자신들의 성적 정체성을 발전시킬 수 있는 안내나 모델이 필요하다는 것을 부정한다.

억압된 성욕 때문에 우리는 다음과 같은 행동을 할 수 있다:

죄책감과 수치심을 느낌   근친상간의 피해자가 됨
우리의 도덕성을 상실함   불감증이나 성교 불능을 경험함
성적 정체성에 혼란을 느낌   호색적이 됨
유혹적인 행동으로 다른 사람을 조정하려 함

억압된 성욕으로부터의 회복

우리가 자신에 대한 사랑과 스스로를 돌볼 수 있는 능력을 증대시키는 순간, 우리는 자신들의 신체와 성적 욕구들을 정상적이며 자연스러운 것으로 간주하기 시작한다. 우리가 스스로를 사랑하고 돌보는 다른 건강한 사람들을 발견하는 순간, 우리는 적절한 방법으로 애정을 표현하고 구하는 법을 배우게 된다. 우리는 신뢰하는 것을 두려워하지 않게 되고, 정서적, 지적, 성적으로 건전한 관계를 맺을 준비를 더 잘하게 된다. 우리는 감정, 장점 그리고 약점들을 털어놓는 것에 더 편안해지게 된다. 우리의 자기 확신은 성장하고, 또 상처를 입는 것을 두려워하지 않고 과감해진다. 우리는 자신들이나 다른 사람들에게 완벽함을 요구하지 않게 되고, 또 그렇게 함으로써 성장과 변화에 스스로를 개방한다. 우리는 자녀들에게 우리 자신들의 성욕에 관해서 솔직하다. 우리는 자녀들에게 건전한 성적 정체성에 대한 욕구는 물론 정보가 필요하다는 것을 받아들인다.

성욕을 인정할 때 우리는 다음과 같은 행동을 할 수 있다:

성에 관해서 공개적으로 의사를 전달함
우리의 성적 욕구들을 살핌
우리의 성적 자아를 수용함
친밀감을 공유함

처음으로 드리는 기도

나를 이해하시는 하나님,
  나의 모든 삶을 당신에게 바칩니다.
내가 스스로 처리하려다가
  엉망으로 만들어 버렸습니다.
당신께서 모든 것을 받아 주셔서
  당신의 뜻과 계획대로
이끌어 주소서.

(「출구를 위한 12단계의 기도」중에서)

제5단계

우리 자신의 결점과 잘못을 우리 자신과 하나님과 다른 사람 앞에 있는 그대로 인정하였다.

우리는 4단계를 공부하면서 우리 삶의 실체를 드러내고 검토하는 데 집중하였다. 우리가 정직하고 철저했더라면, 도덕적 행위 목록을 정리하는 게 간단하지 않았을 것이다. 미지의 바다에 모험을 시도하고, 우리가 스스로에 관해서 발견한 사실들과 직면하는 데는 커다란 용기가 필요했다. 4단계는 언제나 해결되지 않은 감정, 치유되지 않은 기억, 원한, 우울, 그리고 자기 가치 상실의 원인이 된 성격적 결함들을 노출시킨다. 그 과정을 조심스럽게 따르는 것은 우리로 하여금 부정(否定)과 과거의 우리의 삶속에서 정상적인 행동 방식과 상호작용이었던 자기기만을 직면할 수 있도록 해준다.

4단계를 철저히 시도하는 것은 우리가 실제 행동과 그것이 우리의 삶에 끼친 영향을 직면하도록 도움을 주었다. 우리가 복잡한 행동 양식을 형성시킨 일부 상황들을 드러낼 수 있었다면, 5단계는 가장 효과적인 동시에 보상이 될 수 있다. 우리의 장점과 단점에 공평하게 초점을 맞추어 도덕적 행위 목록 정리에 균형을 유지하는 것은 우리의 자각과, 또 자존감을 증가시키는 기능을 하였다. 그것은 우리 성격의 다양한 측면들을 수용할 수 있는 기회를 제공하였다.

정직하고 철저하게 정리한 사람들의 경우에, 4단계의 도덕적 행위 목록 정리는 만족스러운 경험이었고, 우리로 하여금 5단계와 앞으로 있을 여러 가지 새로운 발견들을 준비하게 하였다.

보다 커다란 능력과 우리의 관계가 우리가 추구하는 치유를 성취하는 데 필수적인 용기와 능력을 발전시키는 토대를 제공한다는 사실을 인정하는 것은 중요하다. 보다 커다란 능력에 대한 의존은 기꺼이 모험을 감수하게 되고, 그에 따라서 우리는 5단계로 나아갈 수 있게 된다. 5단계의 효과적인 공부는 우리가 4단계 공부에 만족했을 경우에만 가능하다. 우리는 철저하고 두려움 없는 도덕적 행위 목록 정리를 시도함으로써 현실을 직시하고 5단계의 요구를 완수할 수 있는 준비를 더욱 잘하게 된다.

5단계는 우리의 고립과 외로움으로부터 벗어날 수 있는 출구를 제공한다. 그것은 온전함, 행복 그리고 갱신된 현실 감각을 지향하는 첫걸음이다. 그것은 우리가 스스로를 있는 그대로, 즉 하나님의 모든 자녀들인, 여러 인간 가운데 한 사람으로 간주한다는 의미에서 우리의 겸손을 시험한다. 우리가 겸손을 발전시키는 순간, 우리가 자신들이 범한 잘못의 정확한 성격을 하나님께 인정한다면 보다 안전하고 자기 수용적인 느낌을 갖게 될 것이다.

5단계에서 우리는 자신들이 범한 잘못을 있는 그대로 하나님, 우리 자신들 그리고 다른 사람들에게 인정한다. 우리가 할 수 있는 만큼 서로 나누는 것이 중요하다. 그것은 우리가 스스로를 정화하는 수준이 우리가 삶을 지속할 수 있는 준비의 수준을 결정하기 때문이다. 우리의 죄책감과 고통이 감소되는 순간, 우리는 커다란 짐을 던 것 같은 느낌을 갖게 될 것이다.

다음 단락으로 나가기 전에, 5단계의 준비를 위한 주요 지침들을 참조하라(p. 79).

5단계는 문제를 드러내 놓고 말할 수 있는 기회를 제공한다. 우리가 이해하고 있는 한 스스로에 관해서 진실을 말하는 것은 처음일 것이다. 이것은 미래를 위한 긍정적인 의사 소통 기술로서 우리에게 도움을 주는 역할을 할 수 있다. 5단계를 마무리하는 과정에서 다른 사람과 우리의 최종적인 만남은 제일 먼저 우리의 잘못들을 하나님과 우리 자신들에게 인정함으로써 "자세히 거론하게 될"것이다. 그것은 보상 경험이 될 수 있다.

우리는 하나님께 우리의 잘못들을 인정함으로써 5단계를 시작한다. 우리는 이것 때문에 결국 보다 커다란 능력에게 맡기는 것— 즉, "내버려두고 하나님께 맡기는 것" — 에 더욱 가까워지게 된다. 이 목표를 달성하기 위해서는 문제들을 통제하려는 우리의 욕구를 포기하고, 자신과 원했던 결과와 삶을 인정 많은 보다 커다란 능력이신 하나님께 맡기지 않으면 안된다. 우리의 잘못을 하나님께 인정하는 것은 하나님을 위한 행동이 아니다. 우리의 보다 커다란 능력이 우리를 사랑한다는 것과 우리가 비효과적인 행동을 인정하고 배우도록 끈기 있게 기다리고 있음을 깨닫는 것은 우리에게 기회가 된다. 우리는 이런 행동을 통해서 보다 커다란 능력이신 하나님과 다른 사람들이 우리를 용납한다는 것을 경험한다.

우리의 잘못을 있는 그대로 인정하는 것은 5단계에서 하나의 작은 위협이 될 수 있다. 그런데 그것은 최소한의 모험을 감수함으로써 해결될 수 있다. 그것은 우리의 정직함을 시험하거나 자기기만을 폭로하지 않는다. 스스로에게만 대화를 하는 것은 우리가 현실적인 관점을 갖지 못하게 만든다. 스스로를 속이는 것은 우리에게 있어서 잘 발달된 재능이다. 과거에 우리는 자신들이 보고 싶은 것만을 보기 위해서 우리의 생각과 감정을 조종하였다. 그렇지만, 우리의 잘못들을 스스로 인정하는 것은 다른 사람과의 대화를 준비하는 중요한 첫걸음이다.

정직과 겸손 이외에 서로를 이끄는 것은 아무것도 없다. 이런 특징들은 우리의 인간성을 보여주고 거짓없이 다른 사람들의 관심을 끈다. 우리가 하나님과 스스로에게 겸손하고 정직했다면, 5단계를 마무리하는 일이 상대적으로 용이할 것이다. 5단계의 이 부분에서 성공을 거두는 것은 자신을 소개할 수 있는 적당한 사람, 즉 우리가 편안하고 신뢰하는 인물을 발견하는 것에 달려 있다.

5단계에서 가장 어려운 부분은 다른 사람에게 우리의 잘못을 인정하는 것이다. 다른 사람이 우리 자신도 모르는 우리의 부분들을 바라보도록 용납하는 것은 겁나는 경험이 될 수 있다. 우리는 비웃음을 사거나 거절을 당하게 될 것을 염려할 수도 있다. 이 단계는 완벽하게 정직해지고 또 그 결과들을 기꺼이 수용할 수 있는 우리의 능력에 진지하게 도전한다.

우리가 신뢰하는 사람을 선택할 때는 이 프로그램에 익숙한 듯직한 사람을 구할 필요가 있다. 우리가 선택한 사람을 신뢰하는 것은 우리가 자신과 행동을 소개할 때 편안한 감정을 갖는 데 필수적이다. 정직하고 친밀하게 소개할 수 있는 우리의 능력은 우리가 인간으로서의 자신의 한계들을 받아들이면서 우리 가운데 누구도 완벽할 수는 없다는 것을 받아들인다면 더욱 강화될 것이다.

우리의 가장 깊숙한 자아들을 다른 사람에게 노출시킬 준비를 할 경우, 우리는 말하는 것 이상의 행동이 필요하다. 즉, 다른 사람의 말을 들을 준비가 되어 있되, 자발적으로 그럴 필요가 있다. 우리가 다른 사람의 견해에 열린 마음을 가지고서 귀를 기울이면, 우리는 스스로의 인식을 넓히고 변화하고 성장할 수 있는 기회를 갖게 된다. 이 만남의 쌍방적 성격은 자기 계시의 일부 과정으로 우리에게 중요하다. 돌봄과 이해하려는 자세를 지닌 질문과 평가는 이따금씩 우리가 알지 못했던 감정들과 통찰들을 드러내기도 한다. 우리는 간혹 다른 사람들이 우리 자신과 상당히 흡사한 고통스런 과거를 경험했다는 것을 발견하고서 깜짝 놀라게 된다.

우리는 현실적이 되어서 오랜 행동이 지극히 떨쳐 버리기 어려운 습관이 되었음을 받아들일 필요가 있다. 우리의 잘못들을 있는 그대로 인정한다고 해서 그것들이 반복되지 않는다는 보장은 없다. 우리가 잘못들을 범할 계획을 짜지는 않지만, 그런 일이 발생하리라고 가정하는 것은 자연스러운 일이다. 우리의 보다 커다란 능력과의 긴밀한 접촉을 유지하는 것은 그런 일들이 발생할 때 맞서서 다룰 수 있도록 도움을 줄 것이다.

우리가 5단계를 끝낼 때, 우리는 스스로에 관한 감정들이 변화하는 방식을 통해서 하나님 사랑의 실체를 경험하기 시작한다. 우리의 보다 커다란 능력을 인식하는 것, 즉 우리의 인간됨을 수용하는 것은 치유를 지향하는 중대한 진보를 가능하도록 도움을 준다.

5단계 준비를 위한 주요 지침들

5단계의 대화 상대를 조심스럽게 선택하라. 그 상대는 12단계 프로그램에 익숙한 사람으로 다음과 같은 사람들이어야 한다:

- 교단으로부터 정식으로 안수를 받은 성직자. 신앙이 깊은 목회자들은 이따금씩 그런 요청들을 받는다.
- 믿을 만한 친구(동성이 좋다), 의사 또는 상담가.
- 자신의 문제를 솔직하게 털어놓을 수 있는 식구. 배우자나 다른 가족에게 해가 될 수도 있는 정보를 흘리지 않도록 주의하라.
- 12단계 프로그램의 참석자. 이 책에 소개된 가족 모임과 함께 공부를 하고 있다면, 이미 신뢰가 존재한다는 것을 깨닫게 되고 또 5단계를 그룹 참석자들과 더불어 진행함으로써 신뢰가 더 깊어질 것이다. 어떤 경우에는, 가족 모임 전체가 여러분의 이야기를 들어주는 사람이 될 수 있다.

말을 하는 사람이건 그것을 듣는 사람이건 5단계를 준비하는 데 다음의 제안이 도움이 될 것이다:

- 기도로 시작하라. 4단계에서 얻은 계시들과 통찰들을 검토하려고 준비하는 순간 그리스도 예수께서 함께 해 주시기를 구하라.
- 떠오른 생각들을 완성하고 그 주제에 계속해서 초점을 맞출 수 있도록 충분한 시간을 가지라. 불필요한 설명을 피하라.
- 주의를 분산시키는 요인들을 없애라. 전화, 아이, 방문객 그리고 불필요한 소음의 방해를 받아서는 안된다.
- 5단계는 우리가 자신들의 잘못을 있는 그대로 인정하는 것만을 요구한다는 것을 기억하라. 어떻게 잘못을 범하게 되었고 또 어떻게 변하게 될 것인지에 대한 논의는 필요하지 않다. 여러분은 상담이나 조언을 구하는 게 아니다.
- 듣는 사람이라면, 인내하고 수용적이 되어야 한다. 여러분은 하나님의 대변인이며, 하나님의 무조건적 수용을 전달하고 있는 중이다.
- 말하는 사람이 생각들을 명확하게 표명할 수 있도록 도움을 주기 위해서 듣는 사람이 존재하는 것이다.
- 5단계가 끝나면, 두 사람은 그 경험에 관한 자신들의 느낌들을 나눌 수 있다. 이제는 하나님이 그리스도 예수를 통해서 우리에게 전하는 사랑을 서로에게 전할 수 있다.
- 비밀을 지켜라. 여러분이 나눈 이야기는 사적인 것이다. 비밀을 저버리는 것보다 더 빨리 정직함을 훼손시키고 관계에 상처를 입히는 것은 없다.

다음의 정보는 5단계를 하나님과 더불어 끝마치는 데 도움을 준다.

- 5단계는 여러분 자신에게 이익이 된다. 하나님은 이미 여러분을 아신다. 여러분은 겸손하고, 정직하고 또 용기 있는 삶을 사는 과정에 들어서고 있다. 그 결과는 자유, 행복 그리고 안정이다.
- 하나님이 맞은 편 의자에 앉아 계시다고 상상하라.

- 기도로 시작하라. 예: "주여, 나는 당신이 이미 나를 완벽하게 알고 계심을 알고 있습니다. 나는 이제 내 자신 — 나의 상처를 주는 행위들, 자기중심적 생각 그리고 특징들 — 을 당신에게 공개적으로 그리고 겸손하게 드러낼 준비가 되었습니다. 나는 지금 이 순간까지 당신이 나의 삶에 주신 은사와 재능들에 감사합니다. 알려지고 거절되는 것을 두려워하는 마음을 없애 주십시오. 나는 내 자신과 삶을 당신의 돌보심에 맡깁니다."
- 여러분이 4단계 도덕적 행위 목록 정리를 통해서 얻은 통찰들에 대한 여러분의 이해를 소개하면서 크고, 진실하고 또 솔직하게 말하라.
- 객관적인 자세를 유지하라. 여러분이 지닌 성격의 특징들은 각기 강점과 약점을 지니고 있음을 기억하라. 원한과 두려움에서 출발하라. 이어서 여러분이 4단계 도덕적 행위 목록 정리에 포함시킨 그 특징들을 다루라.

다음의 정보는 여러분이 혼자서 5단계를 마무리하는 데 도움을 준다.

- 4단계의 도덕적 행위 목록을 작성하는 것은 자신을 자각할 수 있게 만드는 과정의 출발이자, 순수한 자기애가 될 수 있는 것을 향한 첫걸음이었다. 고독한 자기 평가는 고백의 시작이지만, 그것으로는 부족하다. 5단계는 여러분이 그 지식을 강화된 자기 수용으로 전환시키는 단계이다.
- 맞은 편에 놓인 빈 의자에 자신과 동일한 사람이 앉아 있다고 상상하고 의자에 앉으라. 그렇지 않으면 여러분이 말하면서 자신의 모습을 볼 수 있는 거울을 마주하고 앉으라.
- 크게 이야기하라. 여러분이 하는 말을 들을 수 있고, 또 떠오르는 더욱 깊숙한 어떤 이해든지 주목할 수 있는 시간을 자신에게 제공하라.
- 이 순간으로 진행하기 위한 여러분의 용기를 인정하라. 이것과 이 과정의 모든 부분은 낮은 자존감 때문에 여러분이 짊어진 과도한 정서적 짐을 제거해 준다.

다음의 정보는 다른 사람과 5단계를 마무리하는 데 도움을 준다.

- 간단히 말하자면, 다른 사람에게 자신을 드러내기 위해서는 상당한 겸손이 필요하다. 우리는 자신들의 패배, 상처 그리고 해를 끼치는 행동 특징들을 드러내려고 하고 있으며, 또 우리의 긍정적이며 도움이 되는 특징들 역시 드러낼 것이다. 우리가 세상을 대하는 무대의 가면을 벗기 위해서는 이것이 반드시 필요하다. 그것은 허식과 은닉의 욕구를 지양하기 위한 과감한 조치이다.
- 여러분이 5단계를 마무리하는 데 도움을 줄 사람을 선택할 때 5단계 대화 상대자의 선택 지침들을 복습하라. 여러분의 교재에 실린 원한과 두려움의 훈련을 소개하는 것에서 시작해서 여러분이 기록한 행동 특징들을 보여주는 것으로 나아가라.

여러분이 그 사람을 다시 만나지 않을 수도 있다. 그것도 괜찮다. 일시적인 친교부터 더욱 깊숙한 영적 교제에 이르기까지 여러분이 어떤 방향을 선택해서 관계를 지속하는 것은 여러분의 재량이다.

5단계를 마친 뒤에, 기도와 여러분이 한 행동을 반성할 수 있는 묵상의 시간을 가지라. 하나님과의 관계를 개선할 수 있도록 도구를 주신 것에 대하여 하나님께 감사하라. 처음부터 5단계까지 다시 읽고서 빠뜨린 것을 기록하는 시간을 가지라. 여러분은 여러분의 삶을 위한 새로운 기초 위에 서 있음을 인정하라. 여러분과 하나님과의 관계 그리고 정직과 겸손의 철저한 실행은 그 기초 위에 놓여질 주춧돌이다.

자기 노출을 단행할 수 있는 용기를 가진 것을 스스로 축하하고, 여러분이 성취한 마음의 평화에 대해서 하나님께 감사하라.

제6단계

우리는 이 모든 성격상의 결점들을 하나님께서 제거하시도록 충분하게 준비되어 있다.

우리가 1단계부터 5단계까지 자발적으로 공부를 했다는 것은 우리가 6단계를 완수할 준비가 되어 있음을 가리킨다. 1단계와 2단계는 우리가 하나님을 이해했던 것처럼 우리의 삶과 의지를 하나님의 돌보심에 맡기기로 결정을 내렸던 3단계를 준비시켰다. 4단계와 5단계는 우리의 행동적인 결함들을 드러내서 그것들과 용기 있게 맞서면서 하나님과 다른 사람들에게 소개할 수 있도록 도움을 주었다. 우리는 자신들의 단점들을 인정하였고 죄책감과 맞섰다. 죄책감은 자연스러운 것이지만, 그것에 집착하면 우리의 진보가 불가능하게 될 것이다. 우리는 스스로를 비난하고 처벌하는 것이 우리의 성장을 심각하게 억제한다는 것을 배웠다.

6단계는 우리의 자의지를 철회할 수 있는 또 다른 기회이다. 우리가 보다 커다란 능력을 통해서 계발한 동역자 관계와 신뢰는 우리의 비효과적인 행동을 제거할 준비가 되어 있다는 기준점이다. 우리 대부분은 자신들과 다른 사람들의 삶 속에서 발생하는 치유를 목격하였다. 이 지점에서 우리가 시도하는 작업은 우리가 지닌 상처의 정화를 목표로 삼았다. 이제 우리는 있는 그래도 놓아두고 하나님께서 우리에게 꼭 필요한 치유가 일어나게끔 도움을 주시도록 맡길 준비가 되어 있다.

현재 우리의 비효과적인 행동은 우리가 파악한 특징들로부터 비롯되었다. 우리는 어쩌면 이런 행동들을 어린 시절에 획득했을 수도 있다. 그래서 성인이 된 우리는 그것들을 우리 삶 속에 존재하는 혼돈과 불균형을 견딜 수 있는 수단으로 계속해서 활용한다. 우리가 이런 행위들을 보다 더 인식하고, 잘못을 추궁하지 않고 그러한 행동들을 수용할 때, 우리는 선택적인 입장에서 그것들을 보다 잘 다룰 수 있다. 우리는 보다 커다란 능력의 도움을 받아서 더 긍정적인 방식으로 스스로를 실행하고 표현할 수 있는 의사 결정 능력을 사용할 수 있다. 우리의 보다 커다란 능력은 언제나 우리에게 우리의 상처를 입히는 행동을 어떻게 다룰지 결정할 수 있는 자유를 허용한다. 우리 자신들과 우리의 보다 커다란 능력에게 정직해지고, 치료를 받을 수 있다는 것을 신뢰함으로써, 우리는 인생의 도전에 직면하게 될 때 이용할 수 있는 능력과 희망의 기초를 발전시킨다.

우리 문화에서 자의지란 크게 가치를 인정받는 특징의 하나이다. 우리 가운데 일부는 어릴 적에 스스로를 개발하기 위하여 언제나 노력해야 한다고 배웠다. 우리의 부모, 교사 그리고 고용주들은 우리의 한계를 극복할 수 있는 능력을 강조하였다. 따라서 우리가 업적을 쌓아 나가고 성공을 거두자, 우리는 "자수성가한" 사람으로 인정받고 갈채를 받았다. 개인적인 성공을 보다 커다란 능력이신 하나님의 뜻을 따른 결과로 돌리는 사람은 드물다.

우리의 여러 행동들이 편해지는 것은 우리에게 자연스러운 일이다. 그러한 행동들은 우리에게 익숙한 수단들이 되었기 때문에, 그것들을 제거하겠다는 생각은 우리의 안전에 위협이 될 수 있다. 그것이 어려워 보이는 만큼, 우리는 하나님께서 비효과적인 행동들을 제거하는 데 도움을 주실 수 있게 하기 위하여 "전적으로 준비"가

되도록 그것들을 있는 그대로 내버려두지 않으면 안된다. "전적으로 준비하는" 것에는 경기를 준비하거나, 청중 앞에서 연설하는 법을 익히거나 또는 미술의 기법들을 발전시키는 것과 상당히 유사한 헌신이 필요하다. 즉, 거기에는 많은 연습이 필요하다는 것이다.

하나님이 우리의 성격적 결함을 제거하게끔 도움을 주실 수 있도록 "전적으로 준비하는" 깃은 우리가 5단계에서 마친 훈련을 체계적으로 반복함으로써 성취된다. 우리는 하루 한 차례씩 각 단계들을 공부하고 실천하는 지속적인 과정에 대한 신뢰를 경험한다. "전적으로 준비하는" 것은 우리의 보다 커다란 능력이 우리가 필요한 것을 알고 있다는 신앙과 신념을 필요로 한다. 우리가 자의지를 기꺼이 철회하고 해로운 행동들만이 제거될 것을 신뢰하는 순간, 우리는 하나님이 우리를 위해서 마련하신 선물들에 관해서 알게 된다.

우리의 비효과적인 행동을 제거하는 과제는 우리가 혼자서 다룰 수 있는 것 그 이상이다. 6단계는 우리가 그러한 행동들의 제거를 실행할 수 있는 사람들이라고 지적하지 않는다. 우리가 할 수 있는 일은 고작 그런 일이 일어날 수 있도록 "전적으로 준비하는" 것뿐이다. 그것은 우리가 실천하는 무엇이 아니라 일종의 존재 상태라는 것을 의미한다. 우리가 진보를 이루고 있는 것처럼 느끼고 있든 아니든 간에, 이 프로그램을 성실하게 공부함으로써 이 존재의 상태에 도달하게 된다. 우리가 "전적으로 준비될" 때, 하나님께서 우리의 단점을 제거하는 데 도움을 주시게 하는 것에 대한 우리의 제한은 줄어들게 될 것이다.

우리는 보다 깊숙하게 뿌리 박힌 일부 무기력한 행동 때문에 "분리된 관찰자"의 역할로 이동하는 게 불가피하다고 생각할 수 있다. 우리와 다른 사람들의 행동에 대한 관찰자가 됨으로써, 우리는 다양한 상황에서 어떻게 행동하고 반응해야 할지를 보다 잘 알게 될 수 있다. 우리가 부정적으로 생각하거나 파괴적인 행동을 하고 있는 자신을 확인할 때, 우리는 그것에 주목해서 보다 커다란 능력에게 도움을 청할 수 있다. 한 사람의 관찰자로서 우리 스스로 거리를 유지함으로써, 우리의 무기력함의 깊이를 파악하는 일은 훨씬 쉬워질 것이다.

일부 사람들은 준비된 상태에 신속하게 도달해서 회복의 초기 단계에 하나님께서 자신들의 해로운 성격적 특징들을 제거하도록 도움 받을 준비를 하게 된다. 그렇지만, 우리 대부분은 점진적으로 이루어진다. 우리의 불안은 오랜 습관과 비생산적인 사고방식에 집착하기 때문에 일어나는 것일 수 있다. 이것은 변화의 과정과 영감의 흐름을 차단시킨다. 이런 일이 벌어질 때, 이 장벽을 기회로 하나님의 도움을 수용하게 될 수 있는 유일한 방법은 기도와 묵상으로 보다 커다란 능력에게로 향하는 것이다.

우리가 하나님과 의사 소통을 갖는 방법들을 분석하는 것도 도움이 된다. 우리가 자신들의 주장을 진술하는 방법을 생각하는 것은 묻는 것과 인정하는 것간의 차이를 분명하게 나타낼 것이다. "하나님, 더욱 인내하게 되기를 원합니다"라는 진술은 하나님께 요구를 하고 원하는 바를 말하는 것이다. "하나님, 참지 못하는 것 때문에 도움이 필요합니다"라는 진술은 우리 자신에 관한 진실을 단순히 인정하는 것이다. 이것은 하나님께서 우리를 인도하는 법에 관해서 최상의 것이 무엇인지를 결단하도록 만든다.

우리가 매일의 삶 속에서 이 프로그램의 원리들을 실천할 때, 우리는 점차 그러면서도 종종 무의식적으로 자신들의 비효과적인 행동들을 제거할 준비를 하게 된다. 우리의 일차적인 통찰은 우리가 어찌된 영문인지 다르다는 것 — 즉 우리가 변화되었다는 것이다. 그 변화는 이따금씩 우리가 그것을 인식하기도 전에 다른 사람들의 눈에 띄기도 한다. 다른 사람에게 인정받고자 하던 사람은 그것이 아닌 보다 적절한 행동을 하기 시작한다. 통제 중독자는 보다 온순해지고 긴장을 누그러뜨리게 된다. 책임을 과도하게 느끼던 사람은 더 이상 스스로를 위해서 할 수 있는 일을 다른 사람들에게 해주는 희생자가 되지 않는다. 이 프로그램을 삶의 핵심적인 부분으로 공부하는 사람들은 더욱 안정을 찾고 진정으로 기쁜 미소를 짓게 된다. 우리가 이 프로그램을 공부함으로써 얻게 되는 대부분의 변화는 우리가 알지 못하는 사이에 성취하게 된다.

우리 각자에게 존재하는 밝고 확신에 찬 성품은 혼돈, 불확실성 그리고 고통의 장막에 가리어져 있다. 우리가 파괴적인 행동으로부터 자유롭게 되고 싶어하든 아니든 간에, 현재의 회복 상태에서 누군가로부터 질문을 받는다면, 우리에게는 단 하나의 답변만이 있을 뿐이다. 그것은 바로 우리는 하나님께서 파괴적인 행동을 제거하도록 도움을 주실 수 있는 "전적인 준비가" 되어 있다는 것이다.

제7단계

우리의 단점들을 제거해 달라고 하나님께 겸손히 요청하였다.

보다 큰 겸손에 이르는 것이 12단계 프로그램의 기초이다. 우리 자신들, 우리의 장점들 그리고 우리의 단점들을 받아들임으로써, 우리는 하나님의 뜻을 추구하고 행하려는 욕구를 발전시킨다. 1단계와 2단계를 공부하고 실천하는 데는 우리가 자신들의 무력함을 인정하는 것과 우리 자신들보다 더 커다란 능력이 우리를 온전히 회복시킬 수 있도록 어느 정도의 겸손이 요구되었다. 3단계에서 겸손은 우리가 하나님을 이해하는 바대로 우리의 의지와 삶을 하나님의 돌보심에 맡길 수 있게 하였다. 겸손하지 못하다면, 4단계와 5단계는 극히 어려웠을 것이다. 6단계에서는 우리의 비효과적인 행동을 제거할 수 있는 준비의 정도와 우리의 겸손의 정도가 정확하게 비례하였다.

7단계의 강조점은 겸손을 발전시키고 실천할 수 있는 우리의 능력이다. 이것은 우리가 보다 커다란 능력이신 하나님과의 의식적인 접촉을 계발하고 정규적으로 우리의 삶 속에서 겪는 문제들에 대하여 인도해 주실 것을 구할 때 생긴다. 우리의 초점을 바꾸는 것은 우리로 하여금 건강한 상호 의존적이 아닌 방법을 통해 우리의 욕구를 만날 수 있게 한다. 이 초점의 이동은 우리의 보다 커다란 능력과 다른 사람들과의 조화를 낳는다. 우리가 이 프로그램을 통해서 성장하는 순간, 우리가 치유되기 위해서는 겸손이 필수적인 요소라는 것을 이해하기 시작한다. 이 필수 조건에 대한 깊은 이해에 의해서만이 우리는 우리의 단점들을 제거하는 데 하나님의 도움을 청할 적절한 준비를 할 수 있다.

우리는 겸손을 추구한다. 그것이 우리의 삶 속에서 평화, 평안, 행복 그리고 삶을 영위할 수 있는 능력을 달성하는 유일한 방법이라는 것을 알고 있기 때문이다. 성숙되고, 성장하며, 유용하고 또 즐거움을 누리는 사람이 되려는 우리의 바램은 소란하고, 균형을 잃은 세상에서라도 내적 안정을 필요로 한다. 우리가 변화시킬 수 없는 문제들을 받아들이고, 또 우리가 처리할 수 있는 문제들을 변화시킬 수 있는 용기를 하나님께 구하는 법을 배우는 것은 이런 욕구들을 성취하도록 도움을 줄 것이다.

겸손히 하나님께 우리의 단점들을 제거하는 데 도움을 달라고 요청한다고 해서 반드시 그것들이 단번에 사라지게 된다는 뜻은 아니다. 그것들은 언제나 하나하나 떨어져 나가게 된다. 따라서 우리가 세운 계획을 신뢰할 수 있도록 가장 쉬운 것부터 제일 먼저 따로 처리하는 것이 중요하다. 이 프로그램을 하루 한 차례씩 철저히 공부하면 하나님이 도우심과 적절한 속도의 진전이 있을 것이라는 생각을 북돋아 준다. 우리가 하나님께 비효과적인 행동을 제거해 달라고 요구했지만 그것이 즉각적으로 제거되지 않는다고 해서 낙심을 하거나 화를 내는 것은 옳지 못하다. 우리는 인내하면서 더 많은 공부를 해야 한다는 것을 인식할 필요가 있다. 우리는 스스로 초점을 맞추고 있는 특별한 결함을 포기할 수 있는 준비가 전혀 되어 있지 않거나, 또는 우리가 하나님께 겸손히 도움을 청하지 않았을 수도 있다.

우리의 단점들을 제거하기 위한 적극적인 준비는 치유의 과정에서 우리가 기꺼이 자신들의 파괴적 행동을 내버리고 보다 커다란 능력과 협력하고 있음을 입증해 준다. 우리가 자신들과 다른 사람들에게 해가 되는 방식으로 계속해서 행동하면서도 하나님께서 모든 일을 처리할 것으로 기다리고만 있다면 변화를 가져다 줄 수 있는 상황을 기대할 수 없다. 우리가 그것을 하나님께 맡기고서 도움을 청했을지라도, 우리에게는 오랜 행동을 반복하는 경향이 있다는 것을 염두에 두어야 한다. "오래된 행동들"이 작동하고 있음을 의식하게 되면, 우리는 그것들을 단순히 관찰할 수 있고, 스스로에 대해서 지나치게 비판적이 되지 않을 수 있다. 하나님은 우리를 있는 그대로 사랑하고 계신다. 따라서 우리가 파괴적 행동 유형을 반복하고 있음을 인식하는 것은 하나님이 우리를 용서하시는 것처럼 우리 스스로를 용서할 수 있는 기회가 된다.

우리가 파괴적 또는 "미숙한" 것으로 간주하는 행동들이 거듭되는 것을 반성할 때, 우리의 내재아가 성숙하지 못했음을 상기하는 게 현명하다. 우리의 사랑과 양육을 통해서, 우리의 상처 입은 내재아는 영적, 정서적 그리고 행동적으로 발전해 나간다. 아무리 사소한 개선이라 할지라도 감사와 즐거움의 원인이 된다. 이 영적 발전의 과정이 평생 지속되도록 설계되었지만, 하루에 한 차례씩 또는 필요하다면 한 번에 1분간씩 실천해야 한다는 것을 명심해야 한다.

우리가 아무리 열심히 노력하더라도 삶에서 비롯된 부정적 사고들이나 비효과적 행동들이 완전히 제거되기를 결코 기대할 수는 없다. 안내를 구하는 온갖 기도에도 불구하고, 우리는 이따금씩 옳지 못한 행동을 하고 또 자신들과 다른 사람들에게 고통을 가져다준다. 성자의 수준에 도달하는 것이 이 프로그램의 목적은 아니다. 우리는 그저 할 수 있는 최선을 다하면서 자신들의 인간적 한계들을 만족시키려고 하지 않으면서 이해하고 받아들일 뿐이다. 우리의 의도가 좋은 것일 수도 있겠지만, 그 사실이 우리를 우발적인 실수들로부터 보호하지 못한다. 우리에게 필요한 것은 자신들의 한계들을 인정하고 단점들을 제거하는 데 도움을 달라고 하나님께 겸손히 요구하는 것뿐이다.

오래된 부정적 행동 유형들이 제아무리 파괴적일지라도 포기하면 상실감을 만들어 준다. 그러므로 애통해 할 시간이 필요하다. 우리가 더 이상 소유하지 않은 어떤 것의 상실 때문에 마음이 아픈 것은 당연하다. 어린 시절에 포기할 준비가 되기도 전에 사람이나 "물건들"을 빼앗겼다면, 우리는 과도하게 반응을 하고, 그 때문에 행동의 상실에 따르는 당연한 감정들을 경험하지 않으려 할 수 있다. 두려움을 벗어나거나 부정하기 위한 우리 자신의 비효과적인 전략들을 활용하기보다는 오히려 보다 커다란 능력에게 도움과 지원을 구하는 쪽으로 돌아설 수 있다. 우리가 어린 시절에 어른이 되어서 겪는 상실들을 아쉬워하는 것을 적절히 처리하는 법을 익히지 못했을지라도, 하나님에 대한 우리의 사랑과 신뢰는 우리의 기억들을 치유할 수 있고, 상처를 복구하고 우리를 온전함으로 회복시킨다.

치유와 온전함을 일차적인 목표로 삼아 7단계에 접근하면서 우리는 보다 커다란 능력과의 자연스러운 "동역자 관계"에 들어섰음을 알게 되었다. 우리는 이 동역자 관계 때문에 비효과적인 행동이 실질적으로 제거될 것이라는 믿음을 포기하지 못한다. 우리는 그와 같은 제거에 필수적인 "조처"를 통해서 우리 자신들을, 그리고 우리에게 주어지는 지원과 안내를 통해서 보다 커다란 능력을 신뢰할 수 있다. 변화는 일어나겠지만, 어쩌면 우리가 기대한 절차나 또는 우리가 희망한 시간 구조가 아닐 수도 있다. 하나님은 우리가 준비가 되면 우리의 성격적 결함들을 제거하는 데 도움을 주신다. 우리가 겸손하게 도움을 청하면, 우리는 결과가 아니라 "전적으로 준비 상태"를 유지해야 할 책임을 지게 된다.

이 과정을 마무리하고 난 뒤에도 우리가 도덕적 행위 목록 정리를 하지 못한 것들이 남아 있는 데는 어떤 이유가 있다. 우리에게는 이런 부정적인 행동들이 남아 있음을 받아들일 수 있고 또 하나님으로 하여금 그것들을 긍정적인 특징들로 변화시키도록 용납할 수 있는 기회가 있다. 이것은 보상적이며 흥미진진한 경험이 될 수 있다. 지도자들은 권력에 대한 추구를 남겨 둘 수 있지만 그것을 함부로 사용하고 싶어하지 않을 수 있다. 연인들에게는 강렬한 성욕이 남아 있되 자신들이 사랑하는 이들에게 해를 입히고 싶지 않은 충분한 감성을 유지할 수 있다. 물질적으로 부유한 사람은 계속해서 부유한 사람으로 남아 있을 것이지만, 탐욕과 소유욕을 멀리하게 될 것이다.

  몸에 익을 때까지 매일 12단계들을 실천하는 것은 우리가 목표로 하는 평화, 평안, 행복 그리고 독립적이며 자주적인 상태에 도달하는 데 도움이 될 것이다. 그렇게 함으로써, 우리는 결국 우리의 삶 속에 있었던 오랜 습관들과 행동들을 청산할 수 있을 것이다. 우리는 하나님과 의식적인 접촉의 결과로 만들어진 생각과 감정들을 신뢰하기 시작할 것이다. 우리는 보다 커다란 능력으로부터 받은 안내가 언제나 유용하다는 것을 알게 될 것이다. 결국 우리가 지닌 두려움에도 불구하고 우리가 반드시 해야 할 일은 듣고 행하는 것이 전부이다.

평안을 구하는 기도

하나님, 평안을 허락하셔서
내가 변화시킬 수 없는 것들을 받아들일 수 있게 하소서,
내가 할 수 있는 것들을 변화시킬 수 있는 용기와
차이를 깨달을 수 있는 지혜를 허락하소서.
한 번에 하루를 살고,
한 번에 한 순간을 즐기고,
고생을 평화에 이르는 오솔길로 받아들이고,
예수님처럼 이 죄에 물든 세상을
내가 바라는 대로가 아니라
있는 그대로 감당하며,
내가 당신의 뜻에 복종하면
모든 것들이 바르게 될 것을 믿사오니,
이 세상에서 알맞게 행복하고,
저 세상에서 당신과 함께 영원히 말할 수
없는 행복을 누릴 것입니다.

(「출구를 위한 12단계의 기도」에서 중에서)

평안을 구하는 기도 훈련

다음의 보기들은 여러분의 지속적인 회복 과정의 일부로서 평안을 구하는 기도를 활용하는 데 여러분에게 도움을 주기 위한 것이다. 그것은 하나님의 도움을 구할 때 매일 활용될 수 있는 도구이다.

하나님, 평안을 허락하셔서 내가 변화시킬 수 없는 것들을 받아들일 수 있게 하소서.
나는 나를 좋아하고 칭찬하는 _____을 할 수 없습니다.

내가 할 수 있는 것들을 변화시킬 수 있는 용기를 주시옵소서.
나는 스스로에 관해서 생각하고 느끼는 방법을 바꿀 수 있습니다.

차이를 깨달을 수 있는 지혜를 허락하소서.
스스로를 사랑하고 인정하는 데 따른 만족과 그것을 위해서 _____을 의존하는 데 따른 일시적인 만족 사이에서.

하나님, 평안을 허락하셔서 내가 변화시킬 수 없는 것들을 받아들일 수 있게 하소서.
내가 어려서 희생되었던 방식을 변화시킬 수 있게 하소서.

내가 할 수 있는 것들을 변화시킬 수 있는 용기를 주시옵소서.
지금 희생되고 있다는 현재의 느낌들을 변화시킬 수 있는 용기를 주옵소서.

차이를 깨달을 수 있는 지혜를 허락하소서.
생존을 위해서 무엇인가를 해야 하는 것과 내가 느끼고 행동하는 법을 선택할 수 있는 것과의 차이를 깨달을 수 있는 지혜를 허락하소서.

제8단계

우리가 해를 입힌 모든
사람들의 명단을 작성하고,
그들 모두에게 자발적으로
보상하려고 하게 되었다.

8단계는 우리로 하여금 자신들, 우리가 속한 사회 그리고 우리의 보다 커다란 능력으로부터의 고립에서 벗어나게 하고, 우리의 관계들을 복구할 수 있는 진로를 결정해 준다. 우리는 자신들이 겪는 불행을 다른 사람들에게 돌리려는 욕구를 내버리고 우리 자신들의 삶에 대한 책임감을 받아들인다. 4단계에서 실시한 도덕적 행위 목록 정리는 우리의 행동이 다른 사람은 물론 우리 자신들에게까지 어느 정도나 상처를 입혔는지 보여주었다. 우리는 8단계에서 날짜를 인용하고 연루된 모든 사람들의 이름을 기록하면서 다른 사람들과의 개인적 갈등 목록을 작성한다. 우리는 자신들의 과거를 살피고, 필요한 경우에 보상을 하기 전까지 우리의 행동은 효과적으로 변화되지 못한다. 이것은 언제, 누구에게, 어떤 일이 일어났는지에 대한 자세한 점검과 사려 깊은 분석을 통해서 성취된다.

　7단계까지는 개인적이었으며, 과거의 행동 유형을 검토하고 자신들의 개인적 장점과 단점들을 인식하게 만드는 데 초점을 맞추었다. 8단계는 우리가 이전의 단계에서 발견했던 바의 결과로서 우리의 삶을 조정하는 과정이다. 우리는 이 회복의 순간에 도달함으로써 과거의 고통스러운 기억들과 그것들을 둘러싼 상황들을 내버리는 것이 얼마나 중요한지 인식하게 된다. 과거를 버리는 것은 우리에게 치유와 새로운 삶, 즉 우리 자신들이나 다른 사람들과 조화를 이루는 하루하루의 생활에 근거한 삶에 이르는 문을 열어 준다.

우리가 완벽한 회복을 발견하기 위해서 무엇보다 죄책감, 부끄러움, 원한 그리고 낮은 자존감은 물론 여러 상황과 다른 사람들에 대한 두려움을 파악하는 법을 익히게 된다. 일단 이런 감정들을 파악하고 나면, 우리는 이어서 보다 커다란 능력에게 그것들을 제거하는 것을 도와 달라고 도움을 청한다. 이것은 두려운 일처럼 간주될 수도 있다. 어쩌면 우리가 기억하는 한 이런 부정적 감정들의 지배를 받았을지도 모르기 때문이다. 이제 우리는 각 단계들을 공부함으로써 처음으로 개인적인 온전한 상태와 자기 권위 의식을 경험할 수 있는 기회를 얻었다. 우리는 이 과정을 신앙하고 신뢰할 수 있다. 그것은 수백만의 사람들에게 기적을 일으켰기 때문이다.

8단계의 전반부에서는 특별히 우리가 해를 가한 사람들의 명단을 작성한다고 규정하고 있다. 명단을 작성할 경우, 우리 대부분은 저항의 벽을 만날 수 있다. 우리가 과거의 잘못들을 자신과 갈등을 겪은 사람들에게 직접 인정해야 한다는 것을 파악하고서 커다란 충격을 받을 수 있다. 우리는 5단계에서 우리 자신들, 하나님 그리고 다른 사람에게 잘못들을 인정할 정도로 부끄러움을 겪었다. 우리는 9단계에서 관심 있는 사람들과 실제로 직접적인 접촉을 하게 될 것이다.

우리가 양심적으로 5단계까지 공부를 했다면, 8단계에 도달할 시점에서는 다른 사람들에게 입힌 해로움에 대한 생각을 접어 두기는 어렵다. 우리는 지나친 자기 비난, 죄책감 그리고 수치심을 조성할 수 있는 태도들을 허용함으로써 우리가 스스로에게 최악의 적이 되어 버렸다는 것을 파악할 수도 있다. 죄책감은 우리가 중요한 것으로 믿고 있는 무엇을 지나치게 했거나 혹은 하지 않았다는 것에 대한 양심의 가책이다. 우리가 자신의 가치들과 충돌하는 행위 혹은 게으름에 대해서 유감으로 생각하거나 후회하는 것은 적절한 반응인 경우가 종종 있다. 부끄러움은 한 인격체로서 깊숙한 흠이나 결함을 지니고 있음에 대한 하나의 느낌이며, 우리가 스스로를 나쁘거나 쓸모 없다고 생각하게 만든다. 이런 것들은 우리를 심각한 우울감에 빠뜨릴 수 있는 전혀 건강하지 못한 스스로에 대한 견해들이다.

우리는 8단계를 우리가 불편을 느끼는 사람들의 명단들을 작성하는 것으로 시작한다. 우리는 자세한 부분들까지는 관심을 갖지 않으면서 명단을 작성하는데, 단지 명단만 작성할 경우에는 마음이 끌리는 쪽을 따라가도록 한다. 명단에는 가족, 사업 동료, 친구, 채권자, 이웃들이 포함될 수 있다. 그 범위는 중요하지 않지만, 작성된 명단은 우리가 자신의 인격적 영향력을 발휘할 것이라고 믿는 어느 정도의 비현실적인 견해를 노출시킬 수도 있다. 8단계는 우리에게 이 프로그램이 제공하는 지속적인 치유의 과정을 준비시킨다. 스스로 정직해지고자 할 때에 치유가 일어나게 된다.

8단계는 우리가 스스로의 행동의 참모습을 직면하고 자발적으로 보상을 하게 되기를 요구한다. 우리는 또 그 결과들을 기꺼이 수용하고 보상을 하는 데 필수적인 기준들은 무엇이든지 받아들일 준비가 되어야 한다. 이것은 우리의 행동이나 혹은 게으름의 결과로 해를 입는 어떤 사람이 처한 상황에서 우리의 역할이 무엇이었던가를 철저하면서도 완벽하게 인정하는 것을 의미한다. 책임을 지고 적절한 보상을 하는 것은 아주 중요한 활동이다. 우리의 행동에 대한 적절한 유감 표현을 통해서만이 과거를 뒤로하고서 우리가 바라는 평화와 평안을 성취하는 데 필수적인 청소작업을 끝낼 수 있다.

8단계를 완수하는 데 필수적인 또 다른 요소는 자발성이다. 우리가 해를 입힌 사람뿐만이 아니라 스스로를 자발적으로 용서하는 것은 이 과정의 중요한 측면이다. 이것은 우리에게 엄청난 수준의 겸손을 요구한다. 우리는 이미 적개심과 원한을 품는 것이 우리가 처리할 수 없는 사치라는 것 — 그것은 우리의 평안과 행복을 해칠 뿐만이 아니라, 우리가 분개하는 사람보다 우리 자신에게 더 해롭다는 것을 알고 있다. 적개심이나 원한을 숨기는 것은 우리를 괴롭히는 커다란 상처를 내버려두는 것과 같다. 그것은 불편하게 만들고 분노, 고통 그리고 병적인 기질을 갖게 만든다. 이런 감정들은 우리의 에너지를 소모시켜서 일하는 것을 매우 어렵게 만들 수 있다.

과거에 우리는 자신들이 지닌 문제들에 몰두해서 다른 사람들과의 상호작용을 검토할 수 없었다. 우리는 원한을 품고, 욕하고 또 보복을 하게 되었다. 우리의 원한과 해로운 감정들을 극복할 수 있는 효과적인 도구는 우리가 언제나 상황의 희생자가 아니라는 것, 즉 우리가 삶 속에서 벌어지는 바에 대한 나 자신의 책임이 있음을 인식하는 것이다. 이 수준의 책임을 받아들이는 것은 우리가 스스로와 다른 사람들에게 새로운 수준의 동정심과 이해에 도달했음을 입증한다. 우리 행위의 변화와 개선의 가능성을 능동적으로 추구하는 것은 우리의 자발성을 보여준다. 수용, 용서 그리고 우리의 보다 커다란 능력에게 안내를 구함으로써, 우리는 결코 해결될 수 없을 것 같은 오래된 문제들에 대한 감정들에 집착하려는 우리의 욕구를 포기할 수 있다.

8단계는 우리로 하여금 자신들이 가한 상처를 파악하게 하고 9단계를 준비하는 데 도움을 준다. 우리가 지속적으로 성장하는 데는 우리의 건강하지 못한 행동 유형들을 반복할 수 있는 가능성을 감소시킬 수 있는 보상을 요구한다. 용서하는 태도는 이 작업을 하는 데 도움을 준다. 우리가 스스로를 받아들이거나 용서하지 않으면, 우리는 다른 사람들을 받아들이거나 용서하지 못한다. 우리가 다른 사람들을 있는 그대로 받아들이거나 용서하지 않으면, 우리는 품위, 자존 그리고 겸손을 유지하면서 보상을 할 수 없다. 용서를 베풀지 않는 보상은 의미 없고 또 우리를 더 심한 논쟁이나 말다툼에 빠뜨린다. 보상을 할 수 있는 우리의 능력은 용서하고 용서받으려는 진지한 욕구로부터 비롯되어야 한다.

우리가 해를 입힌 이들을 파악할 때, 우리는 자신들의 삶과 관계를 파괴하는 데 주요 역할을 담당했던 무력한 행동을 확인하게 된다. 가령:

- 우리는 화를 낼 때, 종종 다른 사람들 이상으로 우리 자신에게 해를 입힌다. 이것은 우울감이나 자기연민으로부터 비롯되었을 것이다.
- 우리의 무책임한 행위에서 비롯된 지속적인 경제 문제들은 우리 가족과 채권자들에게 어려움을 안겨 주었다.
- 우리가 죄책감을 느끼는 문제와 맞서게 되면 스스로를 정직하게 주시하기보다는 다른 사람들의 탓으로 돌렸다.
- 자제하지 못한 것 때문에 낙심하게 되면, 우리는 주변 사람들에게 잘못된 행동을 하거나 위협을 가했다.
- 우리의 난잡한 성행위 때문에 진실한 관계가 불가능하거나 유지할 수 없었다.
- 우리가 버림받을까 봐 두려워하는 마음이 이따금씩 다른 사람과의 관계를 파괴시켰다. 우리가 다른 사람들을 있는 그대로 인정하지 않았기 때문이었다. 우리는 종속관계를 형성하였고, 우리가 원하던 대로 관계들을 유지하려는 시도로서 그들의 행위를 통제하려고 시도하였다.

겸손을 실천하는 것은 우리가 다른 사람들도 자신들이 선택한 삶을 살 수 있는 동일한 권리를 지니고 있음을 아는 데 도움을 줄 것이다. 이것은 우리가 무엇이든지 누구에게나 동의해야 한다는 뜻이 아니라, 다른 사람들의 견해가 우리의 그것과는 다르기 때문에 그들에게 해가 되는 원한, 증오 그리고 나쁜 일이 일어나기를 바라는 것을 그만두는 쪽을 선택할 수 있다는 뜻이다. 우리와 의견을 달리하는 이들을 용서할 수 있고, 또 그들에게 선의를 베풀 수 있다면, 우리 자신의 온전함이 유지되고, 또 우리의 평안은 한층 강화될 것이다.

우리가 단계들을 밟아 나가는 순간, 우리는 실제로 우리와 가치를 달리하는 이들을 용서하고, 좋아하고 또 심지어 사랑하는 것까지 배울 수 있다. 우리는 그렇게 함으로써 스스로에 대해서 갈등을 느끼거나 상반된 부분을 이해하게 될 것이다. 우리가 기꺼이 보상을 하고 또 과거와 맞선다면, 인내하고 용서하는 것은 잦아지고, 엄격하고 비판적이 되는 것은 줄어들게 될 것이다. 이것이 가능할 때, 우리는 점차 우리의 보다 커다란 능력이 우리가 스스로를 위해서 결코 할 수 없었던 바를 우리에게 행하고 계심을 인식하게 된다. 우리의 관점, 자세 그리고 신념이 변화하는 순간, 우리는 화해의 과정에 참여할 수 있고, 또 9단계로 나아가서 필요한 보상을 실제로 할 수 있다.

나에 관하여

하나님, 이 프로그램이 나에 관한 것임을
기억하도록 도와주소서. 나는 나를 제외한 모든 사람들을
판단하고 욕하고 비난하고 싫어하고 있음을 알고 있습니다.
나는 해를 입힌 사람들 모두에게 보상을 하려고 하지만,
마음속에는 나를 공격한 이들로 가득할 뿐입니다.
이것이 내가 다른 사람들에게 유발시킨 고통을 직면하는 것으로부터
스스로를 보호하려는 일종의 정신적 방어 기제 인지요?
이 장벽을 넘어설 수 있도록 도와주소서. 나를 괴롭히는
이들을 생각지 않습니다. 용서합니다. 하나님, 그들을
당신의 손에 맡깁니다. 보복은 당신의 몫입니다.
하나님 잠깐만요…그들을 처벌하지 마십시오. 나도
그만큼의 죄책감을 갖고 있습니다…나를 처벌하지 마십시오.
문제가 해결되도록 도움을 주소서.

(「출구를 위한 12단계의 기도」 중에서)

보상 명단 작성 지침

다음은 우리가 해를 입힌, 우리가 반드시 자발적으로 보상을 해야 하는 세 가지 유형들이다.

물질적 잘못들: 다음과 같이 문제를 일으키는 방식으로 개인에게 영향을 끼친 행위들:

- 과도하게 꾸고, 소비하는 것, 인색함, 우정과 사랑을 매수하려고 돈을 쓰려는 시도, 자신의 만족을 위해서 돈을 지출하지 않는 것.
- 합법적으로 시행할 수 있는 계약을 체결하고 난 뒤에 그 이행을 거부하거나 또는 사기를 치는 것.
- 우리 행동의 결과로 개인들이나 재산에 손해를 입히거나 상처를 입히는 것.

도덕적 잘못들: 바른 것, 공평하거나 정당한 것에 대한 의문을 포함해서 도덕적 혹은 윤리적 행위나 행실과 어울리지 않는 행동. 대표적인 문제는 우리의 그릇된 행동에 다른 사람을 휩쓸리게 하는 것이다:

- 자녀, 친구, 또는 우리에게 안내를 청하는 어떤 사람에게든지 나쁜 선례를 남기는 것.
- 이기적인 일에 집착하고 다른 사람들의 필요는 전적으로 무시하는 것.
- 도덕적인 상처를 입히는 것(예, 성적 부정, 약속의 파기, 언어 학대, 신뢰의 결여, 거짓말).

정신적 잘못들: 하나님, 우리 자신, 가족 그리고 사회에 대한 의무를 무시하는 "태만한 행위들."

- 우리의 의무를 다하려고 시도하지 않거나 우리에게 도움을 준 다른 사람들에게 고마움을 표하지 않는 것.
- 자기 개발을 회피하는 것(예, 건강, 교육, 여가 활동, 창조성).
- 우리 삶과 관계된 다른 사람들을 격려하지 않음으로써 무관심하게 대하는 것.
- 생일, 휴일 그리고 다른 특별한 일들을 잊어버리는 것.

보 상 명 단				
사람	관계	나의 잘못	다른 사람에게 끼친 영향	나에게 끼친 영향
홍길동	남편	화를 내며 욕한 것	두려움, 분노	죄책감, 수치심
이몽룡	동료	파티에서 성적 제외	불신, 수치심	자존감의 상실

제9단계

당사자나 다른 사람에게 해가
되지 않는 범위 안에서
가능한 한 당사자에게
직접적으로 보상을 하였다.

9단계는 또 다른 행동 단계이며 우리가 오랫동안 건드리지 않았을 수도 있는 과거로부터 비롯된 문제들을 직면하도록 요구한다. 이 단계는 우리가 다른 사람들에게 끼친 해 때문에 느끼는 죄책감으로부터 자유롭게 되기 위한 새로운 헌신은 물론이요 분명히 용기를 요구한다. 우리가 크게 누리게 될 특별히 삶이 회복됨으로써 얻게 되는 이점들은 보상을 하는 데 따르는 위험을 상쇄시킨다.

지금도 우리의 마음속을 떠나지 않는 고통스런 기억들이 우리의 발목을 잡을 수 있다. 그것들은 우리의 활기에 심각한 영향을 끼치고, 삶에 대한 우리의 즐거움을 약화시킨다. 보상은 우리의 현재 생각, 감정 그리고 행동에 영향을 끼칠 수 있는 힘과 능력을 지닌 이러한 기억들을 제거시킬 수 있다. 우리가 불편한 감정을 가진 사람에게 보상을 하는 것은 호기심 많은 어린아이가 손으로 잡고 있는 나비 한 마리를 풀어 주는 것과 비교할 수 있다. 풀어 주는 것은 양쪽 모두에게 독립적으로 그리고 자연스럽게 현재 자신들 사이에 존재하는 새로운 관계들을 탐구하면서 나아갈 수 있는 기회를 제공한다. 각 사람은 자신들의 역할을 재정의 하고 보다 큰 서로 의지하는 관계와 평안한 관계로 나아갈 수 있다.

명쾌한 판단, 용기 그리고 결단은 우리가 9단계를 공부하는 데 필요한 특징들이다. 우리가 의도하는 보상을 조심스럽게 살피는 것이 현명하다. 우리의 목표는 다른 사람들을 후회하게 만들어서 마음의 평화를 얻는 것이 아니라, 당사자 모두에게 도움이 되는 방식으로 평화를 얻는 것이다. 신중함과 예민함은 보상을 할 수 있는 적절한 순간, 장소 그리고 형식을 결정하는 데 도움이 될 것이다. 더 이상의 해를 입히지 않는 것 역시 방법들을 찾는 데 도움이 될 것이다. 우리는 또 신뢰하던 친구로부터 안내를 구하는 쪽을 선택하고, 이 과정에서 보다 커다란 능력에게 지원을 청할 수도 있을 것이다.

9단계는 가능하다면 직접적인 보상을 하도록 요구한다. 우리는 때가 아직 되지 않았다고 말하면서 뒤로 미룰 수도 있다. 우리는 보다 수치스럽고 걱정되는 만남을 건너뛰거나, 또는 만남을 피할 구실들을 찾으려는 유혹을 받을 수 있다. 우리는 두려움 때문에 미룰 수도 있다. 우리가 밟으려는 단계는 두렵기 때문이다. 우리는 예측할 수 없는 결과와 직면하고 있기 때문에 그에 대한 우리의 두려움은 정상적이고 자연스러운 것이다. 우리는 무슨 일이 일어나든지 도움이 될 것이라고 신뢰하면서 우리의 보다 커다란 능력에 그 결과를 떠맡길 수 있다. 우리는 또 아무것도 가지지 못했을 때 보다 커다란 능력의 격려에 의지할 수도 있다. 우리가 과거에 저지른 행동의 결과들을 받아들이고 우리가 다른 사람들에게 끼친 영향에 대해서 책임을 지는 것이 9단계의 핵심이자 본질이다.

보상은 거의 모든 사람, 심지어 해를 입힌 것을 알지 못하는 사람들에게까지도 가능할 수 있다. 우리는 행동은 물론이고 생각과 말로 해를 입힐 수 있기 때문이다. 누군가가 우리의 사과와 보상을 받아들일 수 없다면, 해결해야 할 문제에서 그와 관계된 부분은 여전히 해결되지 않은 채 남아 있게 될 것이다. 우리의 유일한 책임은 성실하게 보상을 하는 것뿐이다. 이런 경우에는 평안을 구하는 기도가 마음의 평화를 회복하고 유지하는 데 도움이 될 것이다.

우리는 보상을 준비하면서 보상에도 다양한 범주들이 있음을 알게 된다. 그것들은 이렇다:

쉽게 접근할 수 있고 우리가 준비되자 마자 접근할 수 있는 사람들.
여기에는 가족, 채권자, 사업 동료 그리고 우리가 보상을 해야 하고, 또 적대자뿐만 아니라 동료와 관계된 다른 사람들이 포함된다. 친구보다는 적대자에게 접근하는 것이 어렵지만, 우리는 더욱 많은 이익을 얻을 수 있다. 우리가 공유하고 있는 과거의 결과들을 직면할 준비가 되어 있을 때, 우리는 누구에게나 다가가서, 우리가 입힌 상처를 인정하고 보상을 할 수 있게 될 것이다. 그런 성실함에 대한 대부분의 사람들의 관대한 반응은 우리를 놀라게 할 수도 있을 것이다. 우리가 처음으로 보상을 시도할 때보다 격심하고 완고한 비판들이 쏟아지게 되는 경우가 있을 수도 있지만, 그러한 경우는 거의 없을 것이다.

직접적인 개인적 접촉을 용납하지 않는 상황들.
이것들은 더 이상 접근할 수 없는 사람들, 세상을 떠난 사람들, 또는 우리의 보상이 또 다른 해가 될 수 있는(가령, 이미 정서적으로나 신체적으로나 건강을 상실한 사람) 사람들을 가리킨다. 이런 경우에는 간접적인 보상이 화해에 대한 욕구를 충족시킬 수 있다. 우리는 기도를 통해서 또는 우리가 실제로는 만날 수 없는 사람과 대화를 나누고 있는 것처럼 부치지 않을 편지를 쓰는 것으로 간접적인 보상을 할 수 있다. 우리가 친척에게 보상할 수 있는 기회가 없을 때, 누군가의 자녀나 부모에게 보상을 하거나 특별한 친절을 베푸는 것을 통해서 가족들에게 간접적인 보상을 할 수도 있다. 우리는 신체적으로나 정서적으로나 공히 건강한 성인들로서 그들이 성인이라는 것을 존중하고 우리의 회복을 유지함으로써 우리의 성인아이들에게 중대한 보상을 할 수 있다.

완벽한 노출이 해가 될 수 있기 때문에 부분적인 보상만을 할 수 있을 뿐인 사람들.
이런 사람들에는 배우자, 과거의 배우자, 이전의 사업 동료나 친구들이 포함될 수 있다. 우리는 완벽하게 노출시킬 때 그들이 입게 될 잠재적인 해를 분석해야 한다. 이것은 부정이나 난잡한 행동의 경우에 더욱 그렇다. 이러한 범주의 보상은 관련된 당사자 모두에게 돌이킬 수 없는 해를 입힐 수 있다. 공개적으로 논의될 수 있는 경우조차도 제3자가 상처를 입지 않도록 세심하게 주의해야 한다. 다른 사람들에게 더 커다란 짐을 지우면 우리의 부담은 줄어들지 않는다. 부정에 대한 보상은 행동을 고치거나 또는 속였던 사람에게 진지한 애정과 관심을 집중하는 것으로 간접적인 보상이 이루어질 수 있다.

잠재적인 해고, 투옥 또는 가족으로부터의 소외와 같은 심각한 결과와 관련된 경우에는 결과들을 조심스럽게 따져 볼 필요가 있다. 우리는 해를 자초하거나 또는 다른 사람들이 상처를 입는 것에 대한 두려움 때문에 보상을 망설여서는 안된다. 우리가 단지 자신들이나 다른 사람들이 두려워서 보상을 주저한다면, 우리는 결국 고통을 겪게 될 것이다. 이런 상황 속에서 우리는 어떤 행동을 취해야 할지 결정할 수 있도록 상담가나 아주 친한 친구에게 안내를 받을 수 있다. 그렇지 않을 경우, 우리는 새롭고 보다 건강한 삶의 건설로 나아가고자 하는 우리의 진보가 정체를 겪을 뿐더러 우리의 성장이 지체될 것이다.

보상을 미뤄야 할 상황들
우리가 어떤 보상은 뒤로 미루는 것이 가장 좋겠다고 생각될 때에는 또다른 견해를 구하는 것이 도움이 될 수 있다. 우리의 불의 때문에 계속해서 고통을 겪고 있는 사람에게 접근하는 것은 지혜롭다고 볼 수 없다. 우리 자신들이 끼친 상처가 여전히 깊게 남아 있는 상황에서는 보상을 연기하는 것이 현명할 수 있다. 우리는 결국에 가서는 보상이 이루어져야 한다는 것을 알고 있지만, 우리가 경험으로부터 도움을 얻고 우리 자신들과 다른 사람들에게 더 이상의 고통을 끼치지 않기 위해서는 적당한 시간이 중요하다는 것을 염두에 두어야 한다.

보상을 하는 과정을 사과하는 것과 혼동해서는 안된다. 사과할 때, 우리는 잘못이나 범죄에 대해서 후회하고 있음을 전한다. 사과는 행동을 요하지 않거나 행동의 변화를 시사하지 않는다.
그러나 우리가 보상을 할 때, 우리가 고칠 필요가 있다고 믿는 것을 개선하고, 교정하고 또 바로잡는 행동을 취한다. 사과가 간혹 적절할 때도 있지만, 사과는 보상이 아니다. 우리는 사과를 하면서 우리가 단지 변화보다는 우리 행동에 대해서 양해를 구하려고 지나치게 설명에 매달리고 있음을 발견할 수도 있다. 우리가 늦게 출근한 것에 대해서 수없이 사과할 수 있지만, 이것이 과거의 게으름을 "고치지는" 못할 것이다.

일시적인 정서적이거나 정신적 퇴보, 또는 "실수"는 예상할 수 있는데, 그것은 동정심을 가지고 적절한 해결의 때를 기다리는 방식으로 다룰 필요가 있다. 퇴보가 발생할 때, 그것들은 우리가 배고프거나, 화가 났거나 또는 피곤하고 또 우리가 다른 것에 대해서처럼 주의하고 있지 않다는 표시들이다. 우리는 보다 커다란 능력으로부터 우리의 의지를 되찾으려 들 수 있고 3단계로 다시 돌아갈 필요가 있거나 아니면 우리의 도덕적 행위 목록에서 무엇인가를 제거하고 4단계로 다시 돌아가야만 할 수도 있다. 또는 우리가 포기할 준비가 되지 않아서 6단계를 반복해야 하는 성격적 특징을 가질 수도 있다.

사실, 12단계들은 우리가 목표에 도달하는 순간 반복하도록 계획되었다. 우리 대부분은 회복되는 과정에서 특정 시간에 특정적인 욕구에 의존해서 각 단계들을 전체 또는 일부를 반복할 필요가 있다. 처음이나 아니면 두번씩 끝내고 난 뒤에는 각 단계들을 차례로 반복하는 게 불필요할 수 있다. 우리가 영적으로 성장하는 순간, 우리는 그것들을 날마다 점점 더 활용할 수 있게 될 것이다. 우리는 더 많은 치유와 새로운 생활을 향해서 여행하고 있기 때문이다.

우리는 다른 사람들에게 끼친 상처를 보상함으로써, 우리는 또 자신들의 삶을 개혁할 수 있다. 우리가 철저하게 보상을 한다면, 우리는 놀라울 정도의 평화로운 정신 상태, 죄책감과 원한으로부터의 해방을 통해서 축복을 누리고 있는 자신들을 발견하게 될 것이다. 우리는 의식적으로든 아니면 무의식적으로든 스스로 자초한 모든 물질적, 도덕적 그리고 정신적 부채를 충족시킬 수 있는 우리의 능력을 통해서 모든 것을 정직하게 처리한 것을 깨닫고서 만족감을 느낄 수 있다.

우리의 회복 과정에서 9단계가 지니는 의의는 분명하다. 그것은 우리에게 과거에 대한 동요나 강박관념을 미리 정리할 수 있는 기회를 제공한다. 우리가 과거의 잘못들을 바로잡을 수 있는 이 기회를 만들어서 활용했기 때문에, 이제 우리는 고통을 평안으로 대체하는 우리의 시도들에 대해서 편안한 감정을 가질 수 있다. 우리의 보상행위를 통해서 다른 사람에게 고통의 경감이나 즐거움을 줄 것이지만, 그것이 9단계가 우리 스스로에게 주는 평화와 증가된 자존감 그리고 수용을 결코 능가할 수 없을 것이다.

보상 지침들

다음은 9단계가 요구하는 보상을 준비하고 시행하는 데 유용했던 개념들과 절차들을 요약한 것이다.

자세

- 기꺼이 자신과 보상을 해야 할 사람을 사랑하고 용서하기.
- 말하고자 하는 바를 파악하고 대화의 상대를 비난하지 않도록 주의하기.
- 사건에서 여러분의 역할, 즉 무엇을 말하려고 하는지 또 어떻게 말할 것인지에 대한 책임을 감수하기.
- 결과를 자발적으로 받아들이기.
- 다른 사람에게 특정의 반응을 요구하지 않기.
- 하나님께 자신의 불안을 자발적으로 맡기기.

준비

- 기도와 묵상에 시간을 드리기.
- 화가 풀리지 않았다면 보상을 연기하고 4단계의 도덕적 행위 목록 정리 작업을 더 하기.
- 단순해지기. 세심하고 자세한 해명은 불필요하다.
- 보상은 그 상황에서 다른 사람이 담당한 역할에 초점을 맞추지 않는다는 것을 기억하기.
- 보상하려는 바램을 표명하거나 허락을 구하기: 가령, 나는 다른 사람에게 끼친 해로움을 알고서 내 행동에 대해 책임을 지라는 프로그램에 참여하고 있다. 당신에게 보상하고 싶다. 기꺼이 받아들이겠는가?

보상의 예

- 나는 ＿＿＿＿＿＿가 일어났을 때(두려웠고, 당황했고, 버림을 받은 느낌이)이었다. 나는 (해를 끼친 것)과 당신을 괴롭게 만든 나의 생각, 말, 또는 행동을 통해서 과거에 내가 저지른 일에 대해서 용서를 구한다. 용서해 주겠는가?
- 나는 ＿＿＿＿＿＿＿＿에 관해서 내 자신에게 보상을 하고 싶다. (두려움, 어리석음) 그리고 혼란 때문에 했던 모든 말에 대해서 당신에게 용서를 구한다.

9단계 기도

보다 커다란 능력이시여,
올바른 보상의 자세를 가져서
그 과정에서 다른 사람들에게 해를 입히지
않겠다고 끝까지 생각할 수 있기를 기도합니다.
직접적인 보상을 하는 데 당신의 안내가 필요합니다.
무엇보다 중요한 것은, 내가 절제하며, 다른 사람들을
도우며, 또 영적 성장을 거듭함으로써 보상을 계속하리라는
것입니다.

(「출구를 위한 12단계의 기도」 중에서)

제10단계

개인적인 도덕적 행위 목록을 계속해서 작성하였고, 잘못을 범했을 때에는 그것을 즉시 인정하였다.

우리는 처음으로 각 단계들을 공부함으로써 우리가 전반적인 삶 속에서 활용한 비효과적이고 건강하지 못한 행동의 진정한 성격을 파악하게 되었다. 우리는 우리들의 상태를 검토하였고, 가능할 경우 우리의 잘못들을 보상하였다. 우리 대부분에게 있어서, 각 단계들은 우리의 중독적 행동 때문에 빚어진 고통을 경감시키는 일차적인 해독제가 될 수도 있다. 각 단계들을 지속적으로 공부하겠다는 약속은 보다 커다란 능력에 의지함으로써 우리의 삶과 관계들의 수준을 개선하려는 우리의 의도를 인정하는 것이다.

10단계는 이 프로그램의 상태를 지속적으로 유지함을 시작하는 것이다. 영적 성장이 평생의 과정이라는 게 밝혀지는 순간, 우리는 자신들의 과정이 날마다 지속되어야 한다는 것을 이해하게 된다. 우리가 치유는 하루 한 차례씩 차근차근 단계적으로 이루어 갈 수 있다는 사실을 받아들일 때, "프로그램을 단번에 끝내려는" 급한 마음은 사라지게 된다.

우리가 우리 자신과 삶에 관해서 좋은 감정을 갖기 시작하는 순간,

우리 가운데 일부는 우리가 "얽매일 게 없고" 또 모임의 참석이나 참가를 방해하는 다른 활동을 해도 된다고 생각할 수 있다. 우리는 너무 피로하거나 더 중요한 일을 해야 한다고 합리화할 수 있다. 우리 가운데 일부는 나는 이제 "다 치유되었다"는 신념 때문에 치유의 과정을 완전히 그만두는 것까지 정당화할 수 있다. 우리는 우리 자신들의 회복이 심각한 위협을 받고 있다는 것도 모르는 채 침착하지 못하거나 성급해질 수 있다. 우리가 이러한 스스로를 속이는 과정을 계속하면, 결국에 가서 훨씬 더 큰 무기력감에 빠질 수 있다.

우리는 각 단계들이 지닌 철학을 멀리할 경우에 발생하는 위험스런 징후들(가령, 성급함, 좌절, 불안)에 주의하지 않으면 안된다. 새로 겪는 문제들과 혼란은 이 프로그램을 완벽하게 수용하지 못하고, 모임에 빠지거나 혹은 우리의 지원 체계를 상실한 것과 관계가 있다. 우리가 모임에 다시 참여하기로 결심한다면, 우리는 우리 자신들을 둘러싼 온정과 열정이 되살아나리라고 생각할 수 있다. 가끔 모임이 제공하는 정서적 및 영적 감화는 새롭게 노력하면서 우리들이 밟아 온 길로 다시 돌아가도록 격려할 수 있다. 12단계의 생활 철학이 일상적인 활동의 중요한 부분이 될 때, 모임에 참석하는 일이 줄어들 수도 있다. 정규적으로 모임에 참석할 필요가 없을 수도 있겠지만, 참석할 필요가 있을 때 그러한 모임들이 열리고 있다는 것에 안심할 수 있다.

10단계는 우리가 개별적인 도덕적 행위 목록 정리를 계속하고, 또 잘못을 범한 경우에는 즉시 그것을 인정하도록 요구한다. 이것은 우리의 회복에서 빼놓을 수 없는 부분이다. 우리는 더 이상 남에게 해를 입히는 태도나 적절하지 못한 행동에 빠져드는 모험을 더 이상 감수할 수 없다. 우리는 과거의 원한과 두려움이 되살아나는 것이나 우리가 우리 자신의 삶만을 처리하려고 노력하고 있음을 나타내는 징후들을 경계하지 않으면 안된다. 우리가 무기력한 행동을 다시 반복하고 있음을 깨달으면, 스스로 멈추어 보다 커다란 능력에게 그것들의 제거를 위해서 도움을 청하고, 이어서 해를 입혔다면 즉시 보상을 해야 한다.

우리가 나머지 단계들을 완수하기 위해서는 지속적이며 연속적인 영적 성장에 대한 우리의 욕구를 철저하게 인정해야 한다. 우리의 몸이 자고 싶거나 먹고 싶을 때 그 사실을 우리에게 알리듯이, 우리의 영적 성품도 우리에게 영적 영양이 필요할 때면 이 사실을 우리에게 알려준다. 우리는 스스로를 영적으로, 정서적으로 그리고 신체적으로 부지런히 돌보는 것이 필수적임을 인식하고 있다. 우리가 온전하며 정상적이라는 생각을 하기 시작하는 순간, 우리는 장래의 안전이 오래 지속될 가능성들을 확인할 수 있다. 우리는 보다 커다란 능력의 도움을 받아서 서서히 "있는 그대로 내버려두고 하나님께 맡기는 것"을 더 많이 할 수 있게 된다. 우리가 그렇게 하는 법을 익히는 순간, 우리의 스트레스 수준은 급격하게 줄어든다. 10단계의 정기적인 실천은 우리의 정직과 겸손을 유지시키고, 우리로 하여금 계속해서 회복의 과정을 지속해 가도록 도움을 준다.

이 프로그램에서 매일의 도덕적 행위 목록 정리를 강조하는 것은 우리 가운데 대다수가 스스로를 평가하는 데 필요한 도구들을 아직도 계발하지 못했다는 인식에 근거를 두고 있다. 우리가 개인적 도덕적 행위 목록 정리에 더욱 익숙해지고 편안해지는 만큼, 우리는 자발적으로 보상하는 데 필요한 시간을 더욱 많이 투자하게 된다. 다음은 도덕적 행위 목록 정리의 세 가지 유형들에 대한 설명이다. 이 세 가지 유형들은 저마다 다른 목적을 가지고 있다. 여기에는 즉석 도덕적 행위 목록 정리, 매일 도덕적 행위 목록 정리 그리고 장기 도덕적 행위 목록 정리 등이 있다.

즉석 도덕적 행위 목록 정리

이것은 우리의 생각, 감정 그리고 행위에 대한 간략한 검토인데, 필요하다면 하루에도 서너 차례씩 시도할 수 있다. 그것은 각 상황을 검토하는 도구이며, 우리의 잘못을 찾아내서 즉각적으로 바로잡는 것을 의미한다. 이것은 도덕적 행위 목록 정리를 자주 실시함으로써 우리의 잘못들을 즉시 인정하여 죄책감으로부터 자유롭게 되게 하고, 또 우리의 영적 성장을 지원한다.

사실 매일의 삶 속에서 칭찬할 가치가 있는 것처럼 보이는 행위들이 과거의 행위로 되돌아가는 것임을 인식하기가 어려울 때가 있다. 가령, 우리가 누군가에게 호의를 베풀고 싶어할 수 있고, 그 과정을 통해서 우리가 얼마나 친절한지 — 어떻게 우리가 하고 있는 일을 다른 사람이 할 수 없는지를 알게 된다. 이 행동을 자세히 검토하면 우리가 여전히 인정받고 싶어하고 또 다른 사람들을 즐겁게 하려고 애쓰고 있다는 게 드러날 수 있다.

또 다른 성향은 우리의 잘못 때문에 다른 사람을 비난하는 것이다. 우리는 의분을 느끼고 성미를 참지 못할 수 있다. 따라서 우리는 자신의 행동에 대해서 개인적인 책임을 떠맡기보다는 자신들의 분노를 정당화하려는 시도를 한다. 우리가 성실하게 이 프로그램을 수행하면, 우리는 자신들의 분노가 다른 사람들의 행동과는 전혀 무관하다는 것, 즉 그것은 우리 자신의 두려움, 불안 그리고 안정되지 못한 감정의 결과였음을 파악하게 될 것이다.

매일 도덕적 행위 목록 정리

하루의 활동들에 대한 검토는 색다르고 보완적인 목적을 지니고 있다. 그것은 이 프로그램이 하루 한 차례씩 진행되고 있음을 우리에게 상기시킨다. 그것은 우리가 오늘에 초점을 맞추고 장래나 과거의 삶에 대해서 걱정을 하지 못하게 만든다. 이 도덕적 행위 목록 정리는 4단계의 도덕적 행위 목록 정리와 상당히 유사하다. 다른 점이 있다면 오늘에만 관심을 갖는 것이다. 검토는 간략하게 잠자리에 들기 직전에 실시할 수 있다.

우리의 성실함과 서약에 도전하는 상황이 발생할 수도 있다. 이런 경우에 우리는 가능한 한 우리의 의도에 관해서 정직하고 명확히 할 필요가 있다. 검토할 문제들은 다음과 같다:

- 우리가 다른 사람들을 통제하고 조정하려고 한다면, 우리는 한 발 뒤로 물러서서 그것을 인정하고, 그것을 교정할 단계들을 밟고, 이어서 보다 커다란 능력에게 도움과 안내를 구하지 않으면 안된다.
- 우리가 자신들을 다른 사람들과 비교하고, 열등감을 가지고 있다면, 우리 자신이 자기 용납의 감정을 새롭게 할 수 있도록 도움이 되는 친구들을 찾거나 감정을 살피는 게 필요하다.
- 우리가 강박적이거나 충동적으로 되고 스스로에 대해서 관심을 갖지 않게 되었다면, 우리는 자신들이 채우려고 하는 부적절한 욕구들을 분명히 하는 것뿐만이 아니라 이런 욕구들을 충족시키려는 방법을 포기하고, 보다 커다란 능력에게 도움을 구할 필요가 있다.
- 우리가 권위 있는 인물을 두려워할 경우, 우리는 두려움의 이유를 찾아내고, 그것을 인정하고, 또 적절한 반응을 할 수 있도록 보다 커다란 능력에게 도움을 요청한다.
- 우리가 우울하다면, 움츠러들게 하거나 후회하게 만드는 핵심 문제를 발견할 필요가 있다.
- 우리의 감정들을 억제하고, 대화를 기피하게 되거나 또는 다른 사람들의 필요와 욕구에 양보하고 있다면, 예상되는 위험을 감수하고 우리의 감정들을 자신 있게 표현할 필요가 있다.

장기 도덕적 행위 목록 정리

이것은 한 해에 한 차례나 두 차례 실시하게 되는데 우리에게 장기적인 관점에서 자신들의 진보를 검토할 수 있는 기회를 제공한다. 우리는 이 도덕적 행위 목록 정리를 통해서 우리가 삶 속에서 일궈

낸 현저한 변화들을 확인하고 축하할 수 있게 될 것이다. 이것은 겸손과 감사의 순간, 즉 우리의 진보는 보다 커다란 우리의 능력과의 동역자 관계를 통해서 성취한 영적 성장의 결과라는 것을 기억하는 순간이다. 장기간의 도덕적 행위 목록 정리 역시 문제의 영역을 인식하고 반드시 필요한 교정을 하도록 도움을 준다. 우리는 조심스러운 분석의 결과 과거에는 파악하지 못했던 비효과적인 행동을 발견할 수 있을 것이다.

정기적으로 도덕적 행위 목록 정리를 하는 것은 우리가 어디에 있으며 또 우리가 어떻게 행동하고 있는지를 계속해서 반성해 보는 수단으로서 매우 유용하다는 것을 보여준다. 그것은 우리가 "정상 행로"를 가고 있는지 아니면 그것에서 멀어지고 있는지를 결정하는 데 도움을 준다. 우리 자신들과 우리의 내재아에게 부드럽고 다정하게 대하는 것은 깊은 이해의 여정이며, 그것은 온전하게 회복되기를 진지하게 갈망함으로써 가능하다. 우리가 참여한 프로그램은 개인적이다. 그것은 이 프로그램, 즉 12단계의 도구들을 우리가 얼마나 잘 사용하고 있는지에 반영되어 있다. 우리의 보다 커다란 능력은 다정다감해서 우리가 비틀거릴 때 애정으로 지켜보며, 우리가 도움을 구할 때 제자리를 찾도록 인도해 준다. 과거의 오래된 행동이 다시 나타나거나, 또는 새로운 행동이 나타날 경우, 우리는 다음과 같은 사항들을 염두에 두고 싶어할 것이다:

- 오래된 행동이 다시 나타나면, 그것들은 단지 익숙한 행동 양식의 반복에 불과하다. 그것들은 고통, 불화, 도움의 단절, 죄책감, 복수, 비난 등이 밀려드는 순간 우리가 무의식적인 상태에서 내리는 선택을 반영하고 있는 것이다. 이런 행동양식들에 매달리면 우리가 그토록 갈망하는 영적 성장에 도달하지 못한다.
- 우리는 어떤 것이 우리에게 익숙할 때 안전감을 느낀다. 설사 그것이 결국에 가서 우리에게 고통을 안겨 줄 수 있는 과거의 부정적 행동 유형이나 중독적인 것이라도 말이다. 우리는 그것

을 어떤 식으로든지 활용하는데, 그것이 우리에게 익숙하기 때문이다.
- 우리는 과거가 우리의 사고를 지배하도록 용납함으로써 스스로를 희생시킨다. 우리는 바람직하지 못한 책임감이 갈등을 일으켰다는 것을 인정함으로써 과거를 있는 그대로 내버려둘 수 있다.
- 오랜 행동 양식을 내버리는 것이 두려울 수 있다. 그것을 우리의 보다 커다란 능력에게 맡김으로써, 우리는 현재의 바램과 욕구에 보다 적합한 행동들을 계발하는 데 필요한 지원을 얻게 되리라고 신뢰하는 법을 익히게 된다.
- 우리는 애정 깊고 도움이 되는 친구들을 만날 수 있다. 그들은 우리의 회복에 중요한 사람들이다.

10단계의 지속적인 실천은 여러 가지 도움을 준다. 그 가운데 무엇보다 중요한 것은, 그것이 우리의 회복을 강화하고 유지시킨다는 점이다. 우리는 다음과 같은 여러 영역에서 부가적인 보상을 발견하게 된다.
- 관계의 문제가 사라진다. 도덕적 행위 목록 정리를 실시하고 우리의 잘못들을 즉시 인정하는 것은 더 이상의 사건 없이도 여러 가지 오해들을 해소시킨다.
- 우리는 "드러나는 것"을 두려워하기보다는 스스로를 표현하는 법을 익힌다.
- 우리는 더 이상 흠이 없는 체할 필요가 없으며, 그 때문에 스스로의 잘못들을 솔직하게 인정할 수 있다.
- 우리의 잘못들을 인정함으로써, 역으로 다른 사람들이 그들 자신들의 무기력함을 인식하게 된다. 우리는 다른 사람들에 대한 진정한 이해를 계발하고 친밀해질 수 있다.

우리가 10단계를 효과적으로 공부하기 위해서는 우리의 잘못들을 즉시 인정하는 데 특별한 관심을 기울일 필요가 있다. 그것을 인정하는 것을 지체하는 것은 우리의 일부 행동 양식들이 얼마나 뿌리 깊은지를 보여줄 뿐이다. 우리가 잘못들을 보다 빨리 인정하는 만큼 우리는 자신들과 타인들에게 끼친 해를 보다 신속하게 보상할 수 있다. 매일 도덕적 행위 목록 정리를 조심스럽게 실시하는 것은 우리가 자유롭다는 느낌을 계발하는 데 도움이 될 것이다. 우리는 자신들을 괴롭히는 문제들을 즉시 처리하는 법을 익히기 때문이다. 정직하게 실시하고, 스스로를 심층적으로 바라보고 나면, 우리는 이제 보다 커다란 능력과의 관계와 11단계와 12단계에 속한 공동체와의 관계를 탐색할 준비를 하게 되는 것이다.

10단계 기도

나는 계속해서 이와 같기를 기도합니다:
이해와 능력이 성장하기를,
날마다 즉각적인 도덕적 행위 목록 정리를 하기를,
잘못을 범할 때마다 바로잡기를,
행동에 대해서 책임을 지기를,
부정적이며 자기 패배적인 태도와 행동을
언제나 의식하기를,
고집을 거듭 견제하기를,
당신의 도움이 필요함을 언제나 기억하기를,
다른 사람들의 사랑과 관용을 나의 좌우명으로 삼기를,
그리고 내가 당신, 보다 커다란 능력을 더할 수 없이
섬길 수 있는 날마다의 기도를 지속하기를.

(「출구를 위한 12단계의 기도」 중에서)

제11단계

기도와 묵상을 통해서 우리가 하나님을 이해하는 바대로 그분과 의식적인 접촉을 증진시키려고 노력하면서, 우리를 위한 하나님의 뜻에 대한 지식과 그것을 실행할 수 있는 능력을 위해서 기도하였다.

11단계는 우리와 보다 커다란 능력과의 동역자 관계를 깊게 하는 방법이다. 우리는 2단계와 3단계에서 관계를 발전시킨 이후로 후속 단계들을 공부할 때 그것에 크게 의존하였다. 대개의 경우, 그 동역자 관계는 이 프로그램에서 진보의 수준을 성취하기 위해 필요한 격려와 능력의 유일한 근원이었다.

우리는 여기서 "우리의 의지와 삶을 하나님의 돌보심에 맡기겠다는 결단"이 일회적인 사건이 아님을 주목하였을 것이다. 그것은 매일 매일의 목적이었다. 이제 우리는 "우리를 향한 하나님의 뜻에 대한 지식과 그것을 실행할 수 있는 능력을 위해서 기도하도록" 요구받고 있다. 우리는 보다 커다란 능력에 대한 과거의 지속적이며 반복적인 불신의 감정들 때문에 우리를 향한 하나님의 뜻을 파악하는 게 우리의 의지를 맡기는 것보다 간단하다고 생각할 수도 있다.

우리가 직면하는 매일의 시험과 도전 때문에 우리가 주기적으로 혼란을 겪는다면, 그것은 우리가 여전히 "성인"과 "어린이 같은" 것과의 차이를 배우고 있는 성인 아이(Adult Child) 상태를 벗어나지 못했기 때문이다. 우리 대부분은 지속적으로 두려움이 가득한 내재아를 재양육하는 법을 배우고 있는 중이다. 미실다인(Missildine) 박사는 자신의 저서 「당신의 내재적 과거아」(Your Inner Child of the Past)에서 상처 입은 어린 시절의 경험들에서 비롯된 성인이 되어서의 행동(예를 들면 짜증 표출, 완벽 주의, 충동적 음주나 식사, 부주의한 소비와 이기심)을 통해서 나타나는 우리의 욕구를 소개하고 있다. 우리가 공상으로 가득한 삶을 살고, 잘못들을 무시하고 또 넓어지기만 하는 혼돈의 범위들을 계속해서 고수할 경우 하나님의 뜻과 거리가 먼 행동을 하고 있음이 분명하다.

하나님의 뜻을 실행하려는 우리의 의도는 간간이 우리의 오랜 감정이나 통제된 태도가 등장함으로써 타협이 될 수 있다. 우리가 날마다 이 갈등을 경험하는 순간, 보다 커다란 능력으로부터의 도움이 필요하다는 게 분명해진다. 11단계에서 우리는 보다 커다란 능력과 우리의 관계를 심화시키는 데 초점을 맞추고 있다. 보다 커다란 능력의 임재와 안내가 우리에게 분명해지는 것은 대개 기도와 묵상의 조용한 순간들을 통해서이다. 우리와 보다 커다란 능력과의 관계가 개선되는 순간, 우리는 삶에서 겪는 도전과 맞서는 용기와 능력을 위해서 그 능력에게 어떻게 기대하고 의존할 수 있을지 깨닫게 된다. 우리는 보다 커다란 능력이 우리의 삶을 지도할 수 있고, 또 그렇게 하시리라는 것을 존재의 밑바닥에서부터 자발적으로 인정할 수 있을 때, 찾아오는 영적 각성을 경험할 수 있다.

11단계는 우리가 하나님을 이해하는 바대로 하나님과의 의식적인 접촉을 개선할 것을 요구한다. 이것을 위해서 우리는 지속적으로, 인내하며 또 자발적으로 실천할 필요가 있다. 우리는 이 프로그램의 처음 세 단계에서 하나님과 접촉을 하였다. 3단계에서 우리는 우리의 의지와 삶을 하나님의 돌보심에 맡기기로 결단하였다. 5단계에서는 하나님께 우리의 잘못을 직접 인정하였다. 7단계에서 우리는 하나님께 우리의 단점들을 제거하는 것을 도와 달라고 겸손히 요청하였다. 11단계는 보다 커다란 능력과 접촉하고 또 매일의 삶속에서 역사할 수 있게 하는 능력 있는 방법을 제공한다. 이제 우리는 외로움과 소외라는 감정을 버릴 수 있으며, 진정으로 활기를 주고 생명을 지속시키는 수준 있는 동역자 관계를 누릴 수 있다.

보다 커다란 능력과의 의식적인 접촉을 개선하기 위해서 제시된 방법은 기도와 묵상이다. 이것들은 우리가 하나님께 접근하고 동시에 하나님이 우리에게 접근하는 것을 경험하는 두 가지 통로이다. 기도는 초점이 잡힌 사고, 즉 하나님과의 직접적인 대화나 우리가 겪는 문제 속에서 하나님의 뜻에 대한 안내와 지식을 요청하는 것을 뜻할 수 있다.

묵상은 하나님께 귀기울이는 것이다. 묵상의 기술은 우리의 마음을 안정시키고 매일의 선입관과 걱정들을 제거하도록 계획되었기 때문에, 우리는 하나님의 안내와 그분의 뜻을 들을 수 있다.

우리는 어떻게, 그리고 무엇을 위해서 기도해야 할까? 우리 대부분은 그것이 의미하는 바를 제대로 이해하기도 전에 기도부터 하도록 교육을 받았다. 우리는 어려서 "이제 잠자리에 들며…"라는 기도문을 활용하거나 또는 하나님께 엄마와 아빠 그리고 우리와 가까운 사람을 축복하도록 하나님께 요청하였다. 우리가 성장함에 따라서, 우리의 역기능적 가정의 경험은 커다란 고통을 안겨 주었고, 우리가 의존하던 사람들은 우리에게 상처를 입히고 낙심시켰다. 우리는 간절한 기도에 귀기울이지 않고 응답하지 않는다고 하나님을 비난했다. 12단계들을 공부하는 만큼 이 프로그램의 원리들을 근거로 기도에 대한 우리의 태도는 바뀌게 된다. 우리는 우리의 삶을 향한 하나님의 뜻이 우리에게 드러나기를 요청하면서 우리의 소원이 이루어질 것을 신뢰하는 법을 익히게 된다. 물질적인 것들에 대해서 기도하던 오랜 습관은 사라지고, 지도와 안내를 요청하는 기도로 대체될 것이다. 우리는 "있는 그대로 내버려두고 하나님께 맡기라"는 말이나 평안을 구하는 기도들과 같은 표어나 기도문을 의지하기 시작할 수 있다. 우리의 기도는 "하나님, 도와주옵소서," 또는 "보다 커다란 능력이시여 감사합니다"라는 식의 간단한 문장이 될 수 있다. 하나님은 우리의 더할 수 없이 겸손한 도움의 요청에 귀기울이고 응답할 것이다.

묵상은 마음의 평정을 위해서 특별한 과정들을 활용하는 것을 포함한 오랜 관습이다. 우리는 묵상을 하는 동안 우리가 하나님으로부터 안내 받을 수 있는 통로를 구축한다. 묵상을 하려면, 우리의 의식을 평온히 가지면서 분주한 생각 때문에 자리잡은 장벽들을 제거하지 않으면 안된다. 어떤 사람들에게는 이것이 쉽지 않다. 우리는 가만히 앉아서 몸과 마음을 편히 갖는 데 익숙하지 않기 때문이다. 묵상은 정서적으로 우리에게 평온을 가져다주고, 신체적으로 긴장을 이완시키며, 또 우리가 일반적으로 정서와 신체를 급격히 사용하기 위해서 소모하는 비생산적인 에너지를 해소시킨다.

기도와 묵상의 방법들은 다양하다. 그렇지만, 문제들에 귀기울이고 느끼는 것은 우리의 욕구이다. 우리가 일차적으로 할 일은 보다 커다란 능력과 우리의 관계를 심화시키고 의사 소통을 넓히는 것이다. 이것은 우리의 감정과 생각에 관해서 정직하고, 자신들의 단점들을 인정하고 하나님께 우리의 잘못을 고백해서 용서받는 것을 뜻한다. 우리는 기도와 묵상에 대한 성실하고 훈련된 헌신을 통해서 하나님의 무조건적 사랑, 용서 그리고 우리 삶 속에서의 끊임없는 임재를 의식하게 된다. 우리가 인내와 신뢰를 위해서 지속적으로 기도한다면, 우리는 평화, 평안, 사랑 그리고 기쁨이라는 한없는 선물들로 보상을 받게 될 것이다.

우리가 영적 각성을 추구하는 과정에서 11단계는 하나님과의 의식적인 접촉을 개선시킬 수 있는 방법을 제공한다. 이 단계에서 우리는 "우리를 향한 하나님의 뜻을 알 수 있도록 그리고 그것을 수행할 수 있는 능력을 위해서" 기도한다. 우리가 하나님의 뜻을 알도록 요청할 수 있고, 그 결과를 하나님께 맡길 때 우리는 이 단계로부터 엄청난 도움을 이끌어 낼 수 있다. 결과를 내맡기고 끝까지 기다리면서 인내하기 위해서는 용기가 필요하다.

이 단계에서 일어나는 기적은 우리가 어떻게 묵상하는지를 알고 있다고 생각하건 안하건 간에 우리가 과거에 기도하던 방법이 묵상의 한 형식으로 전개된다는 것이다. 하나님의 뜻과 그것을 수행할 수 있는 능력을 위해서만 기도하는 것은 우리의 개인 및 세상적인 편견을 바로잡고, 또 우리로 하여금 보다 커다란 능력의 뜻에만 집중하게 한다. 그것은 스스로에 대한 편견으로 가득한 우리의 마음을 비워서, 하나님의 임재를 경험할 수 있게 만든다.

우리의 의지를 하나님의 돌보심에 맡기고, 진지하게 인도를 구하는 기도를 드리면, 우리는 자신들의 의지가 교정되고 있음을 믿고 있는 자신을 만나게 된다. 따라서 우리는 하나님께서 우리에 대해서 갖고 계신 뜻에 따라서 용기와 능력을 경험한다. 보다 높은 안내를 구하는 것은 겸손을 경험하는 것이다. 그것은 우리가 스스로의 계획에 따라서 삶을 꾸려 나가고 또 원하는 것을 달라고 하나님께 요구하는 데 아주 익숙해 있기 때문이다. 우리는 이따금씩 보다 커다란 능력의 뜻을 우리가 일어나야 한다고 생각하는 바의 표현으로 간주할 수 있는데, 그러한 우리 자신의 욕구와 견해는 우리에게 달려 있다.

우리는 하나님을 이해하는 바대로 하나님과의 의식적인 접촉을 개선하기 위해서 기도와 묵상을 사용한다. 우리가 11단계를 공부하는 순간, 우리는 마침내 세계에 실제로 "소속되어 있다는" 느낌을 수반하는 깊은 감사의 마음과 같은 진보의 표시를 볼 수 있을 것이다. 게다가 우리는 활동을 계속 진행하는 동안 인도되고 유지되는 느낌을 발전시킬 때 더욱 안전감을 느낄 수 있다. 우리가 이 프로그램을 이해하고 조심스럽게 따른다면, 우리 삶 속에 어떤 변화들은 기적적으로 나타나고, 또 어떤 것들은 우리가 회복을 유지하는 데 필수적인 기술들을 얻는 것처럼 보다 점진적으로 이루어질 것이다.

기도와 묵상을 위한 지침들

하루 동안의 기도와 묵상은 대략 다음과 같이 요약될 수 있을 것이다.

하루를 시작하면서 계획을 점검하고 또:
- 보다 커다란 능력에게 어떻게 생각하고 행동해야 하는지를 질문하라.
  - 자기 연민, 부정직 또는 과도한 자기 관심을 지속적으로 의식하기.
  - 어떤 문제든지 처리하는 데 필요한 지침을 제시하기.
- 자의지로부터 자유롭게 되도록 보다 커다란 능력에게 구하라.

낮 동안, 망설여지고 두려운 순간에:
- 보다 커다란 능력에게 영감과 인도를 구하라.
- 3단계를 다시 생각해 보고 그것을 하나님께 맡겨라.
  - 긴장을 풀고 서너 차례 심호흡을 하라.
  - "올바르게 되려는" 어떤 욕구든지 의식하라.
- 낮 동안에는 필요한 만큼 자주 보다 커다란 능력에게 기도하라.
  - 하나님, 이_____(감정, 충동, 중독 등)을 제거하도록 도와주소서.
- 가능하다면, 일어나고 있는 일을 파악하고 함께 할 수 있도록 도움을 줄 사람을 청하라.

하루를 끝내면서 일어났던 사건들을 돌아보고 또:
- 10단계를 다시 생각해 보면서 개인적인 도덕적 행위 목록 정리를 실시하라.
  - 필요하다면 올바른 행동을 취하도록 보다 커다란 능력의 안내를 구하라.

- 여러분을 향한 하나님의 뜻을 알 수 있도록 보다 커다란 능력에게 요청하라.
- 스스로를 용서하고 잘못으로부터 배울 수 있도록 보다 커다란 능력에게 도움을 구하라. 이 점검은 강박적 사고, 염려, 자책, 또는 병적 반성을 유발시키려는 의도가 없다.
- 보다 커다란 능력에게 하루를 인도하심과 축복하심에 대해서 감사하라.

오늘 하루만큼은

나는 자신에게 따뜻한 눈길을 보내고 나의 삶을 지배하게 된 여러 강박적 및 충동적 특성들을 지니고 있음을 바로 보게 될 것이다. 나는 이런 특성들을 불쌍하게 생각하지만 어찌할 수 없다. 이 때문에, 나는 도움이 필요하다는 것을 인정한다.

나는 나를 창조했고, 나의 필요를 알고 있으며 또 나를 완벽하게 치유하고 명확하고 안정된 상태로 회복시키는 나보다 커다란 능력의 임재를 인정할 것이다.

나는 마음속에 있는 내 문제들을 다른 모습으로 꾸미려는 경향을 버릴 것이다. 더 이상 분석하지 않고…… 더 이상 의문을 갖지 않는다. 이제 나는 내 삶과 의지를 하나님의 돌보심과 인도하심에 맡기는 결단을 내린다. 나는 스스로에게 나는 "스스로를 꾸며 보이고" 그래서 내 삶이 드러나도록 하지 않으면 안된다는 생각을 포기한다. 나는 변형된(변화된) 사람이 될 준비가 되어 있고, 이제 시작하는 중이다.

나는 과거에서 자유할 것이며, 일어났던 일의 이면에 대한 죄책감이나 후회를 내버릴 것이다. 내 자신과 또는 다른 사람들의 잘못을 찾거나 비난하는 것이 과거에 매달리게 만들었다.

나는 우리가 살아온 방법에 대해서 내 자신과 다른 사람들을 용서할 것이다. 나는 우리의 행위들이 두려움이나 불안으로부터 비롯되었다는 것을 깨달았다. 나는 이제 내 자신과 다른 사람들이 "있는 그대로 되도록" 허락한다. 나는 더 이상 우리 삶, 우리가 선택한 길 또는 우리의 성장 형태들을 비판하지 않는다.

나는 미래에 관한 모든 염려를 떨쳐 버릴 것이다. 나는 오늘이 내가 감당할 수 있는 전부임을 깨달아서 내가 할 수 있는 만큼 즐거움, 신뢰 그리고 평안함을 가지고 오늘을 살아갈 것이다.

나는 의존적이 되려는 성향, 나를 채우기 위한 소유와 형식들을 포기할 것이다. 나는 이런 것들이 내 존재의 일시적인 한 부분에 지나지 않으며, 또 매일 간절히 경험하기를 원하는 지속적인 안정, 내적 평화 또는 진정한 자유를 제공하지 못한다는 것을 인식하고 있다.

나는 내 인생의 모든 측면들에 대해서 책임을 질 것이다. 나의 선택, 나의 감정, 나의 신체 및 정서적 건강, 나의 영적 행복, 내 성장 방향과 생활하는 원리들.

나는 더 나은 나의 삶과 다른 사람들의 삶에 기여하는 내적인 에너지들을 모두 활용할 것이다(가령, 정직, 성실함 그리고 친절). 그 이외의 모든 것에는 "고맙지만, 필요 없다"고 자신 있게 말한다.

나는 하나님께 내게 필요한 치유의 방향으로 나가지 못하게 만드는 오랜 태도나 행동을 벗어날 수 있는 기회를 주신 것에 감사할 것이다.

나는 이 프로그램을 통해서 얻은 지혜, 평화 그리고 능력을 다른 사람들과 기꺼이 공유할 것이다.

나는 오늘 내 자신의 가치와 진가를 신뢰하면서 열심히, 그리고 오늘을 즐기겠다는 결심을 갖고 앞으로 나아가고, 또 앞으로 닥칠 일에 대해서 최선의 노력을 다할 것이다.

최선의 것은

오 주여, 당신께서는 나에게 최선의 것이 무엇인지 아십니다. 당신이 원하시는 대로, 행하게 하옵소서.
당신이 원하는 것이 무엇인지,
얼마나 원하는지,
그리고 원하시는 때가 언제인지 알게 하옵소서.

(「출구를 위한 12단계의 기도」 중에서)

제12단계

이 12단계들의 결과와 같이 영적인 각성을 함으로써 우리는 다른 사람에게 이 메세지를 전하려고 하였으며, 또 이 원리들을 우리의 모든 문제에 적용하려 노력하였다.

12단계는 우리가 치유와 회복을 향한 여정을 시작했을 때 결정한 목표이다. 우리가 각 단계들을 나름대로 공부할 때, 개인적인 직관으로 우리는 이 과정의 주기를 마무리하면 우리에게 도움이 되리라는 것을 알고 있었다. 보다 커다란 능력에게 무릎을 꿇음으로써 자기를 드러내는 위험을 자발적으로 감수하는 이들에게는 12단계들이 실제로 효과가 있음을 인식하면 이 프로그램은 더 이상 신비로운 것이 아니다. 우리가 지금까지의 단계들을 우리의 능력껏 실천했다면, 우리는 보다 커다란 능력에게 순종함으로써 얻어지는 모든 선물들을 받고 또 그것들을 다른 사람들에게 전달할 수 있을 것이다.

12단계의 진행 과정은 유충이 나비로 변하는 것과 비교할 수 있다. 유충은 나비가 되는 것을 이해하지 못한다. 전에 지니고 있던 정체성의 죽음과 고치의 새로운 탄생이라는 모든 부분들은 변화되기 위해서는 반드시 거쳐야 할 일이다. 마당에 있는 관목 가지에 달라붙은 고치를 목격한 어느 사람에 대한 일화가 있다. 그가 고치를 관목에서 떼어 던져 버리려고 하는 순간, 고치의 끝이 벌어져 있고,

그것에서 벗어나려고 몸부림치고 있는 나비가 눈에 띄었다. 나비가 나올 수 있도록 도움을 주기 위해서 그가 고치의 일부를 조심스럽게 떼어 냈다. 열린 고치에서 힘없이 기어 나온 나비는 몇 분이 지나지 않아서 죽고 말았다. 나비는 외부 세계에서 생존할 수 있는 자유를 얻기 위한 싸움으로부터 얻었을지도 모를 능력이 필요했던 것이다. 각 단계들을 공부하는 것도 마찬가지로 우리가 스스로 성취해야 하는 과정이다. 우리를 대신하거나 또는 우리 대신 해답들을 찾아내는 어떤 시도든지 건강한 방식으로 기능하기 위해 필요한 정서적 능력을 획득할 수 있는 우리의 힘을 제한시킬 것이다.

우리가 새로운 의식과 존재 상태에 대한 각성을 사용할 경우, 하나님과의 영적 관계는 하나의 선물이 될 수 있다. 그것은 언제나 가치 체계의 변화를 수반하는데, 이전에는 어둠이 있었다면, 지금은 빛을 볼 수 있다. 우리 대부분에게 있어서, 우리의 각성은 미묘하며 나중에 생각할 때 가장 잘 드러나곤 한다. 우리가 12단계들을 공부해서 얻는 성숙은 여러 가지 과거의 경험들, 특히 고통스러운 것들을 자연스럽게 영적으로 바라볼 수 있게 한다. 그러므로 우리의 영적 성숙은 이런 개인적 경험들의 총합으로 간주될 수 있다. 우리는 각각의 경험을 통해서 보다 커다란 능력이 우리를 인도하신 방법들을 확인할 수 있다.

우리는 점차적으로 느끼고 행할 수 있게 되며, 스스로 동원할 수 있는 수단들만을 의지하기란 불가능하다는 것을 믿게 될 것이다. 우리는 정직, 겸손, 마음의 평화 그리고 우리가 전혀 꿈꿀 수 없을 정도의 사랑을 소유하고 있음을 알게 된다. 우리 스스로를 하나님의 자녀로서 받아들이는 것에 근거한 새로운 가치들은 우리의 삶에 정서적 및 영적 균형을 잡아 준다. 우리는 보다 커다란 능력의 도움을 받아서 우리 주변의 사람들은 물론 스스로에 대한 새로운 특성들과 능력들을 계속해서 발견한다.

영적 성장은 지속적인 과정이다. 그것은 12단계들의 초기에 시작될 수도 있지만, 우리의 여생 동안 지속될 것이다. 영적 성장은 처음과 끝이 분명한 명확한 사건이 아니다. 그것은 보다 동정적이며, 애정 깊고, 관심을 가지고 또 만족스럽게 되는 연속적인 전개 과정이다. 가족과 우리의 관계는 우리가 보다 가깝게 접근하는 순간 개선되지만, 우리는 서로의 욕구를 독자적으로 인정하게 된다. 우리는 스스로에 대한 비현실적인 기대를 거의 하지 않으며, 따라서 우리는 다른 사람들을 우리가 원하는 모습이 아니라 있는 그대로 받아들인다.

우리는 이 프로그램을 알고 있고, 또 그것이 우리에게 가능하게 만든 것 때문에, 그것을 다른 사람들과 공유할 수 있는 준비가 되어 있다. 우리가 그랬듯이, 굴레에 갇혀 있는 이들에게 전하는 메시지는 해방적 성격의 것이다. 메시지를 나누는 것은 우리 자신들의 회복을 강화시키고 영적 성장에 발전을 가져온다. 반대로, 우리가 받은 새로운 능력과 통찰들은 우리로 하여금 마음, 정신 그리고 영적인 성장을 지속하게 만든다. 변화를 일으킬 수 있는 우리의 능력은 다른 사람들에게 12단계들이 지닌 가치를 확신시켜 주고, 따라서 이 프로그램은 발전과 성장을 하게 된다.

우리의 삶이 어땠고, 12단계들의 결과로서 우리 삶에 무슨 일이 일어났고, 또 우리 삶이 어떻게 변화되었는지에 대한 소개 이외에는 "이 메시지를 다른 사람들에게 전달하는" 특별한 방식이란 있을 수 없다. 이것은 진정한 우리 자신들을 다른 사람들에게 선물로 주는 순간이다. 그런 일은 어디에서든지 일어날 수 있다. 예를 들면 우리가 자원 봉사를 요청 받거나, 모임에 같이 참여하거나, 동역자나 가족과 상호작용을 할 때이다. 우리의 이야기를 다른 사람에게 소개하는 일은 종종 그들이 자신들의 욕구를 인식하도록 도움을 주고 또 우리에게 더 많은 겸손과 정직을 가르친다. 우리가 새로 이 프로그램을 시작하는 사람들에게 우리의 경험, 능력 그리고 희망을 나누어 줄 때, 우리는 그들이 자신들의 문제를 해결하도록 격려하고, 스스로를 정직하게 바라보고 또 자신들의 고통을 다른 사람들의 탓으로 돌리는 일을 그만두게 할 수 있다.

새로 가입한 사람들과 함께 공부하는 것은 커다란 보상이 될 수 있다. 우리가 어느 정도나 진척이 있는지 확실하게 파악하고, 프로그램에 감사하게 되기 때문이다. 우리가 처음으로 이 프로그램을 시작했을 때를 되돌아보면, 우리는 문제, 혼란, 원한에 찬 마음을 갖고서 "일시적인 위로"를 찾는 이들을 충분히 이해하게 된다. 그들이 우리를 아는 순간, 참가 결정이 개인적인 문제이며, 우리가 상당한 상처와 고통을 겪으면서 기꺼이 포기하려는 순간에 대부분 그런 결정을 내렸다는 것을 발견하게 될 것이다.

다른 사람들에게 메시지를 전하는 것은 다음과 같은 의미를 지닌다:

- ■ 새로 가입한 사람들이 이 프로그램을 공부하는 일에 뛰어들 때만이 성공할 수 있음을 익히는 순간 안내와 도움을 제공하기.
- ■ 새로 가입한 사람들에게 하루 한 차례씩 이 프로그램을 공부하면서 스스로에 대해 인내하고 관대해지도록 격려하기.
- ■ 새로운 가입자들에게 각 단계들을 공부하면서 드러나는 것들은 고통스럽기도 하고 보상이 되기도 한다는 것을 알려주기.

12단계 내내 반복되는 메시지는 겸손과 보다 커다란 능력에게 순종하는 것이 갖는 중요성이다. 우리가 "이런 원리들을 우리가 지닌 모든 문제들에 실천"할 때, 이 과정의 핵심 요소는 보다 커다란 능력과 우리의 관계이다. 보다 커다란 능력과 밀접하게 작업하는 것은 우리가 바른 과정을 가고 또 우리의 내적 평화, 즉 우리가 단독으로는 도달할 수 없는 상태를 유지하는 데 도움을 준다. 그것은 우리가 하루에 한 차례씩 무기력함을 인정하고 자발적으로 영적 성장에 힘쓸 때 도달할 수 있을 뿐이다.

우리는 간혹 낙심하고 우리의 진보를 눈으로 확인할 수 없게 되기도 한다. 이런 일이 발생하면, 우리는 과거의 행동을 우리의 현재 모습과 대조하고 또 다음과 같이 스스로에게 질문해 볼 수 있다:

- 우리는 덜 고립되고 또 더 이상 권위 있는 사람들을 두려워하지 않고 있는가?
- 다른 사람들에게 인정을 받으려고 애쓰기를 그만두고 스스로를 있는 그대로 받아들이고 있는가?
- 우리는 관계를 발전시킬 사람들을 보다 선별적으로 선택하고, 또 관계를 유지하면서도 우리 자신의 정체성을 더 많이 유지할 수 있는가?
- 우리는 스스로의 감정들을 표현할 수 있는 능력을 계발했는가?
- 다른 사람들을 지배하려고 시도하는 일을 그만두었는가?
- 우리는 친구들이나 배우자를 더 이상 보호자로 삼거나, 또는 과도하게 의존적이 되는 어린이 같은 행동을 하지 않는가?
- 우리는 내재아의 욕구에 주의를 기울이고 있는가?

긍정적인 대답들은 보다 건강하고 나은 생활 방식을 지향하는 우리의 발전 정도를 가리킨다.

우리가 매일의 문제에 새로운 행동들을 적용하는 순간, 삶은 일반적으로 보다 잘 돌아가는 것처럼 보일 수 있다. 우리 가운데 일부에게는, 우리가 가정이나 작업 환경에서 활용하는 새로운 행동들이 크게 긍정적인 효과를 끼치며, 따라서 우리는 사랑하는 사람들이 자신들의 삶 속에서 회복에 이르는 길에 들어서는 것을 보게 된다. 이것은 보다 커다란 능력과의 협조가 실제로 구현되는 것이다. 우리는 이제 우리 삶의 변화가 어느 정도인지 볼 수 있고 우리의 행동은 다른 사람들의 삶에 영향을 줄 수 있다.

우리가 처한 모든 문제에 이 프로그램을 적용하는 열쇠는 각 단계들을 우리 삶의 본질적인 부분들로 활용하는 것이다. 각 단계들을 거치면서 문제를 받아들이는 훈련은 시간이 들지 않는 과정이다. 우리가 겪는 대부분의 혼란은 우리가 보다 커다란 능력으로부터 주어지는 부단한 도움과 안내를 받아들이면 사라지게 될 것이다. 그 최종적인 결과는 우리에게 내적인 평화의 감정을 제공하고 어느 순간에든지 우리 문제들을 일일이 직접 다룰 수 있는 우리의 능력에 대한 신뢰가 증가하는 것이다.

가장 복잡하면서도, 가장 간단한 진리는 이 프로그램이 우리 삶의 모든 영역에 유용하다는 것이다. "우리의 모든 문제" 때문에 우리가 실행해야 할 것이라고는 각 단계들을 자발적으로 공부하고 이어서 내맡겨 버리는 것이다. 그 과정은 점진적이며, 재생산적이고 또 끝없이 지속된다. 우리는 서서히 보다 커다란 능력에게 더 많은 반응을 보이게 되고, 그에 따라서 사랑, 성장, 평화 그리고 평안의 의미를 배워 가게 된다.

제발, 주여

제발 주여, 다시 한번 웃는 법을 가르쳐 주소서. 그렇지만, 하나님, 우리가 가슴 앓던 일을 잊지 않게 하옵소서.

(「출구를 위한 12단계의 기도」 중에서)

12단계 검토

여러분의 삶 가운데 현재 원한, 두려움, 슬픔 또는 분노의 원천이 되는 상황이나 조건들을 파악하라. 그것은 관계들(가족, 일 또는 성 관계), 작업 환경, 건강 또는 자존감과 연관이 있을 수 있다. 상황을 소개하고 여러분의 관심을 보여주는 간략한 진술을 하라.

위의 상황에 12단계들의 원리들을 적용하는 데 다음의 연습을 사용하라.

1단계: 여러분은 이 상황이나 조건에 대해서 어떤 식으로 무능력하며, 그것은 여러분이 자신들의 삶을 통제하지 못하고 있음을 어떻게 보여주고 있는가?

2단계: 보다 커다란 능력이 평안을 회복시키는 데 도움이 된다는 것을 어떻게 알 수 있는가?

3단계: 여러분은 이것을 다루는 데 도움을 받기 위해서 하나님의 돌보심에 자신들의 삶을 어떻게 자발적으로 맡길 것인가?

4단계: 어떤 성격적 결함들이 드러났는가(예, 버림받는 것이나 권위 있는 인물에 대한 두려움, 통제, 인정받는 것의 추구, 강박적/충동적 행동, 이탈, 과도한 책임감, 자신의 감정을 표현하지 못함)?

5단계: 하나님과 자신, 그리고 다른 사람에게 잘못을 인정하라.

6단계: 여러분은 무기력한 행동들을 제거하기 위해서 하나님과 동역자 관계를 유지할 준비가 완전히 되었는가? 그렇지 않다면, 이유를 설명하라.

7단계: 여러분은 단점들을 제거하는 데 도움을 얻기 위해서 하나님께 겸손히 요청할 수 있는가? 그렇지 않다면, 어떤 방식을 원하는가?

8단계: 해를 입고 있는 사람들의 명단을 작성하라.
9단계: 어떤 보상을 해야 하며, 또 어떻게 보상을 하려고 하는가?
10단계: 지나쳐 버린 것이 없음을 분명히 하기 위해서 지금까지의 단계들을 점검하라.
11단계: 잠시 기도와 묵상의 시간을 가지면서, 하나님께 여러분을 향한 그분의 뜻에 대한 지식을 구하라. 무엇을 발견했는가?
12단계: 여러분의 이해와 영적 각성은 문제들을 처리하는 데 어떤 도움이 될 수 있을까?

부 록

I. 성인아이란 누구이며, 어떻게 치유할 수 있는가?
　　— 팀 슬레지 박사
II. 왜 치유상담목회여야 하는가?
　　— 정동섭 박사
III. 성인아이 지원그룹과 인도자의 역할
　　— 노용찬 목사
IV. 인천가정문화원 가정사역 및 상담 프로그램 안내

인천가정문화원과 기독교윤리실천운동 부설 기독가족상담소는 1996년 11월 16일(토요일) 오전 9시 30분부터 오후 5시까지 인천내리감리교회에서 팀 슬레지(Tim Sledge) 박사와 정동섭 박사를 주강사로 모시고 「가족치유와 교회성장」이라는 주제로 "교회지도자를 위한 성인아이 치유 세미나"를 가졌다.

이날 개회예배에서는 인천가정문화원장 노용찬 목사의 "21세기를 향한 목회와 상담"이라는 제목의 설교가 있었고, 이어서 최현주 목사와 이선애 사모의 체험사례와 팀 슬레지 목사의 "성인아이의 원인과 치유 원리 I,II", 정동섭 교수의 "왜 치유상담목회여야 하는가?"라는 주제의 강좌가 있었으며, 마지막 강좌로 "성인아이 지원그룹 운영의 이론과 실제"라는 제목의 노용찬 목사의 강좌가 있었다.

이날 250여명의 목회자와 사모, 그리고 상담관련종사자들과 신도들이 모여 진지하게 강좌를 경청하였다.

이 글은 그날 있었던 세미나의 주요 내용을 녹취 정리한 것이다.

● 강사소개

▶ 팀 슬레지 박사 ◀

팀 슬레지 박사는 킹슬랜드 침례교회 담임목사를 역임하였으며, 현재는 KKHT 방송국에서 월요일부터 금요일까지 오후 2:00에서 3:00까지 진행되는 상담 전문 주간 토크쇼 "자이언트 스텝"의 호스트이다. Union Baptist Association Center for Counseling의 스텝 멤버이며, 「가족치유 마음치유<Making Peace With Your Past>」(요단출판사), 「Moving Beyond Your Past」, 「Alcohol and Other Drugs」의 저자이다. 1992년부터 미국 17개주를 순회하면서 그리스도 안에서의 정서적 치유와 회복에 대한 강연을 하였다.

팀 슬레지는 40세에 이르렀을 때까지는 목회에 성공한 목회자였다. 그가 시무하고 있던 킹슬랜드 침례교회는 2년여의 기간에 두배로 성장하였다. 그러나 슬레지 목사는 어느 날 갑자기 알 수 없는 공포에 휩싸이게 되었다. 아무리 분석해도 그 두려움의 원인을 알 수 없었다. 그는 자신의 문제를 해결하고 싶었다. 그러다가 알코올 중독자 가정에서 자란 자녀에 관한 자료들을 접하게 되었다.

그는 40세가 되던 1988년에 아리조나에 있는 알코올 중독자상담소를 찾게 되었다. 그때에도 처음에는 알코올중독자들을 위한 설교를 준비하기 위하여 자료를 찾고자 하는 단순한 목적에서 였다.

그러나 상담소는 그를 한 성인아이 지원그룹에 참여시켰다. 그 그룹에 참여하면서 그는 무엇인가 자신을 위해 어떤 할 일이 있다는 것을 어렴풋이 깨닫게 되었다. 그는 아버지가 알코올중독자였기 때문에 술에 대해서 멀리하고 싶었다. 또한 알코올중독자였던 아버지로부터 많은 상처를 받았기 때문에 술을 마시는 사람들을 멀리하고 싶었다. 그런데 그가 참여하였던 그룹의 사람들은 알코올 중독자 가정에서 자란 알코올중독자들이었으며, 술을 끊기 위해 지원그룹에 참여하면서 점차 회복되고 있던 사람들이었다. 그는 처음에 그 사실을 알게 되었을 때에 그 그룹에서 도망치고 싶어했다. 하지만 점차 그들의 솔직한 감정이 담긴 말을 들으면서 그 자신 또한 그들과 별반 다른 것이 없다는 것을 깨닫게 되었다.

그 치료소에서 보내었던 일주일동안 슬레지 목사는 처음으로 자신의 감정을 솔직하게 드러내 놓고 말할 수 있었다. 그때의 경험은 그의 삶을 바꿔 놓게 되었다.

1988년 그 치료소에서 시작된 회복의 여정은 지금까지 계속되고 있다. 그 치료의 여정을 함께 나누기 위해 한국에까지 오게 된 것이다. 이 여정은 뒤를 돌아보자는 것은 아니다. 부모를 원망하고자 하는 것도 아니다. 그 때의 아픈 상처를 치료하고 거기서 벗어나고자 하는 것이다.

▶ 정동섭 박사 ◀

교육학박사(Ed. D.)
대전 침신대 상담심리학 교수
한국 가정사역학회 회장 역임
인천가정문화원 자문위원
저역서로는
「당신의 가정도 치유될 수 있다.」, 「어느 상담심리학자의 고백」, 「아직도 아물지 않은 마음의 상처」, 「어떻게 사람을 변화시킬 수 있는가」, 「가족치유·마음치유」의 다수가 있다.

성인아이란 누구이며, 어떻게 치유할 수 있는가?

(팀 슬레지 박사)

나는 성인아이(Adult Child)이다. 나의 아버지는 알코올중독자였다. 지금 어머니와 아버지는 모두 세상을 떠나셨다.

만일 여러분들이 나의 아버지가 알코올중독자였다는 사실과 그 고통을 잘 해결하고 살아왔느냐고 묻는다면 나는 '예'라고 대답할 것이다. 그러나 실제로 나는 많은 마음의 고통을 겪으며 살아왔다.

40세 되었을 때에 나는 빠른 속도로 성장하는 교회의 담임목회자로 있었다. 나의 꿈은 목회를 잘해 가지고 교회가 성장하는 것을 보는 것이었는데, 그 꿈이 실현되고 있었다. 내가 목회를 시작하면서 2-3년 동안에 성도들의 수가 배가 될 정도였다.

그런데 갑자기 알 수 없는 공포를 경험하기 시작했다. 때에 따라서는 설교를 하기 위해서 설교단상에 접근할 때마다 너무나 큰 두려움을 느껴 죽고 싶을 지경이었다.

그러던 중 1988년에 아리조나에 있는 상담소에 찾아가게 되었다. 거기에 찾아갔던 이유는 알코올 중독자의 아들로서 도움을 얻으려는 것이었다. 그 상담소에서 나는 성인아이에 대한 일련의 설교를 준비하고 있었는데, 그에 필요한 자료를 공급받고자 했다.

나는 설교 준비를 위한 자료를 공급받기 위해서 갔지만, 상담소측은 나를 7명으로 구성되어 있는 지원그룹에 소속시켰다. 거기서 내가 무엇을 배워야하는 것이 아니라 나 자신의 문제에 대해서 무엇인가 할 일이 있다는 것을 깨닫게 되었다.

나의 아버지가 술을 많이 마시는 알코올 중독자였기 때문에 나는 술을 멀리하기를 원했고, 입에 대지도 않았다. 뿐만 아니라 나는 알코올 중독자인 아버지로부터 상처를 많이 받았기 때문에 술 마시는 사람들을 멀리했다. 그런데 그 지원그룹에 참여하고 있는 사람들은 알코올 중독자들이었다. 그 사실을 알게 되었을 때 나는 도망치고 싶었다. 하지만 차차 그들의 이야기를 듣고, 감정을 나누면서 그 사람들은 회복되어 가는 알코올 중독자이고 나 자신은 술을 멀리하는 사람이었지만 우리는 서로가 피차일반이라는 사실을 발견하게 되었다.

그 상담소에서 보낸 일주일동안은 나의 삶을 바꿔 놓았다. 나는 그때 내 감정을 솔직하게 들어내고, 표현하고, 마음속에 간직해 왔던 고통을 해소하는 경험을 하게 되었다.

1988년 그 치료센터에서 시작된 회복은 지금까지 계속되고 있다. 나는 지금 회복과 치료의 여정을 계속 걸어가고 있는 중이다. 나는 지금 미국의 텍사스 주의 휴스턴에 살고 있는데, 나의 치료의 여정을 여러분과 나누기 위해 7천 마일을 날아온 것이다.

나는 지금도 배우는 중에 있고, 성장해 가는 과정 중에 있다. 내가 알코올 중독자 아버지와 함께 살 때, 살아남기 위해 어려서부터 일찍이 터득한 방법은 술이라는 것은 그렇게 나쁜 것은 아니라고 부정하며 사는 것이었다. 나의 아버지는 좋은 사람이었다. 그리스도인이셨다. 나를 무척 사랑하셨다. 나는 오늘 많은 시간을 나의 아버지를 칭찬하면서 보낼 수도 있다.

나의 아버지는 매일 같이 또는 매주 술을 마시는 분은 아니었다. 그 대신에 어쩌다 술을 마실 때에는 한꺼번에 폭음을 하는 그런 분이셨다. 나의 아버지는 나를 때리지도 않았다. 오히려 술에 잔뜩 취하셨을 때에는 나에게 애정을 표현하셨다. 술에 취했을 때에는 오히려 나한테 감정을 친밀하게 표현하신 분이었다.

그런데 나의 아버지의 술 습관은 예측할 수가 없었다. 그렇기 때문에 항상 두려운 가운데 살았다. 언제 술을 마시고 예측할 수 없는 행동을 하실 줄 몰랐기 때문이었다. 내가 학교에서 집으로 돌아왔을 때 아버지의 차가 제대로 주차되어 있지 않고 삐딱하게 세워져 있는 것을 보면 오늘 또 술을 마시고 오셨구나 하고 생각했다.
 내 자신이 겪었던 이런 마음의 고통을 공개적으로 이렇게 나눔으로써, 다른 사람들에게 이야기함으로써 나는 성장할 수 있다는 것을 배웠다. 나는 여러분들이 이러한 역동성을 깨닫기를 원한다. 만일 여러분 각자가 겪고 있는 고통이나 아픔이 다른 사람에 비해서 별 것 아닌 작은 것처럼 느껴진다고 할지라도 그것은 매우 중요한 고통이라는 것을 알기를 바란다.

 내 오른쪽과 왼쪽에 두 사람이 서 있다고 하자. 내가 망치로 오른쪽 사람의 손등을 망치로 힘껏 내려친다. 다음에는 왼쪽 사람의 손등을 그보다 더 세게 내려친다. 그리고 나서 오른쪽 사람에게 묻는다.
 "자네 손은 별로 아프지 않지?"
 그러면 그 오른쪽 사람은 나를 미친 사람처럼 쳐다보면서 말할 것이다.
 "아프지 않긴 뭐가 아프지 않아?"
 내가 왼쪽 사람의 손등을 얼마나 세게 쳤느냐는 오른쪽 사람에게 그렇게 중요한 것이 아니다. 오른쪽 사람에게 중요한 것은 오직 자신의 손등에 가해진 고통이다.
 우리의 고통의 문제도 이와 같다. 다른 사람보다 얼마나 고통스럽냐가 중요한 것이 아니다. 내가 겪는 고통 그 자체가 중요한 것이다. 만일 우리가 자신의 고통을 부정하게 되면 그 고통은 오히려 더 커진다. 그러나 그 고통을 직면하면 오히려 감소된다.

 여러분에게 내가 전하고자 하는 것은 오늘 우리가 가정과 부모에 대한 이야기를 한다고 해서 그들을 공경 안한다는 것이 아니라는 사실이다. 나는 나의 아버지와 어머니를 공경한다. 그러나 나 자신을 이해하기 위해서는 부모에 대해서 이야기할 수밖에 없다. 아버지 어머니가 어린 시절 나에게 어떤 영향을 미쳤는가를 분석할 수밖에 없는 것이다.

성인아이들 모두가 오늘 강의를 맡은 사람들처럼 공개적으로 어린 시절에 겪었던 고통을 말해야 하는 것은 아니다. 그러나 우리가 이러한 고통이 있을 때 믿을 수 있는 친구들이나 지원그룹에 참여하여 우리가 안고 있는 고통을 나누는 것이 필요하다. 이러한 여정의 목적은 뒤만 바라보자는 것은 아니다. 우리는 치유를 위해서는 과거를 포용해야 한다. 과거를 버리기 위해서 과거를 안을 수 있어야 한다.

미국에는 교회보다 먼저 세속적인 단체들이 이러한 개념들을 받아들이기 시작하였다. 나는 한국에 있는 그리스도인 여러분에게 호소한다. 우리가 함께 나누려고 하는 이 개념들을 여러분이 터득하셔서 이것을 한국교회와 한국사회에 적용하기를 바란다.

이제 성인아이란 누구이며, 그 원인과 치유방법에 대해서 생각해 보자.

I. 성인아이(Adult Child)란 누구인가?

A. 성인아이의 정의

1. 성인아이는 성인의 문제를 나이에 맞지 않게 조숙하게 다루어야 하는 아이이다.

성인아이란 먼저 정신적으로 너무 빨리 성장하는 아이라 할 수가 있다. 예를 들자면 나의 친구 목사 데이비드와 같은 경우이다. 그는 12살 때에 혼자 된 어머니와 함께 생활하고 있었다. 어느 날 그의 어머니가 집에 오더니 이제 집을 잃게 되었다고 말했다. 집세를 내지 못해서 쫓겨나게 되었다는 것이었다. 그 말을 들은 12살된 데이비드가 어머니에게 차근차근 질문하였다.

"우리 집값이 얼마나 되지요?"
"집세를 얼마나 내지 못했는데요?"
"은행에는 얼마의 잔고가 남아 있습니까?
"이 집을 완전히 빼앗기게 되기까지는 얼마의 기간이 남았지요?"
"어머니가 버는 돈은 얼마나 됩니까?"
12살된 어린아이인 데이비드는 그렇게 차근차근 문제를 분석한 다음 결국에는 집을 잃지 않을 수 있는 해결책을 찾아내었다.

12살밖에 먹지 않은 데이비드의 행동을 보면서 우리는 참 대견하고 훌륭한 아이이구나 하고 생각할지 모른다. 얼마나 성숙한 아이인가 하고 놀라워할지 모른다.
그러나 데이비드는 성인아이였던 것이다. 12살 짜리 소년이 어머니가 잃어버릴 지도 모르는 집을 어떻게 하면 건질 수 있는가 하는 해결책을 제시하는 것은 그의 책임이 아니었다. 그런데 그는 아이가 아니라 이미 어른처럼 행동해야 했던 것이다.

성인아이란 이렇게 성인들이 해결해야 할 문제를 나이에 맞지 않게 조숙하게 다루어야 하는 아이를 말한다.

2. 성인아이는 해소되지 아니한 어린 시절의 문제를 아직 처리하고 있는 성인이다.

나는 지금까지 많은 두려움과 불안과 수치심을 안고 살았다. 어린 시절이 지나갔는데도 어린 시절에 겪었던 그 감정이 계속해서 나에게 영향을 미치고 있는 것이다. 여러분이 이해할 것은 성인아이라고 할 때에 꼭 알코올 중독자의 자녀만을 말하는 것은 아니라는 점이다.
자신이 성인아이인지 아닌지를 어떻게 알 수 있는가? 우리는 다음과 같은 성인아이들이 직면하는 문제들에 대해서 살펴봄으로써 자신이 성인아이인지 아닌지를 파악할 수 있다.
아래의 내용 중에서 모든 내용이 다 해당되는 분도 있겠지만, 몇 가지만 해당되는 분들도 있을 것이다.

B. 성인아이가 직면하는 문제들

1. 자신이 무엇을 느끼는지 또는 무엇을 느끼지 못하는지를 알지 못한다.

하나님께서는 우리에게 감정을 주셨다. 감정은 느끼라고 주신 것이다. 이 감정이 있기 때문에 우리는 풍요로운 삶을 살 수 있다. 감정은 때로 우리 자신을 보호할 수 있는 방어기제가 되기도 한다. 그러므로 우리가 감정을 느낄 줄 안다는 것은 매우 중요한 것이다.
그런데 성인아이들은 자신이 지금 어떤 감정인지, 무엇을 느끼고 있는지를 알기가 어렵다. 자신의 감정에 대해서 혼란스럽거나 혹은 감정적으로 마비상태에 있는 것이다.

2. 특별한 이유도 없이 수치심을 느낄 때가 있다.

죄책감과 수치심은 우리에게 매우 중요한 감정들이다. 이 두 감정은 차이가 있다. 죄책감이라고 하는 것은 내가 한 행동에 대해서 느끼는 불편한 감정이다. 즉, 자신의 행동에 강조점이 있다.
반면에 수치심이라는 것은 나 자신에 대해서 느끼는 불편한 감정이다. 즉, 자기 존재 자체에 대해 느끼는 불편한 감정이라고 할 수 있다.
그런데 성인아이는 특별한 이유도 없이 자신에 대해서 수치심을 느낀다.

3. 다른 사람들로부터 칭찬이나 인정의 말을 듣는데 어려움을 겪는다.

누구나 칭찬 받고 인정받고 싶어하는 욕구를 가지고 있다. 그런데

도 성인아이는 막상 누가 자신에 대해서나 한 일에 대해서 칭찬해 주거나 인정해 주면 어색하다. 마치 자신이 듣지 않아야 할 말을 듣는 것처럼 느낀다. 괜스레 실제로는 그렇게 생각하지 않으면서 듣기 좋으라고 하는 말처럼 생각된다.

4. 다른 사람들과 친밀한 관계를 맺는데 어려움이 있다.

성인아이는 많은 사람을 알고 있을 수 있다. 성인아이는 상당히 활달하고 사교적이고 말을 많이 하는 사람일 수도 있다. 그러면서도 성인아이는 다른 사람에게 가까이 가는데 어려움을 느낀다. 친밀한 교제를 나누기가 어려운 것이다. 결혼한 사람일 경우에는 배우자와 친밀감을 느끼기가 어렵다.

5. 계속해서 사건과 사람들을 통제해야 할 필요를 느낀다.

통제되지 않는 가정에서 자라면서 통제에 대한 욕구를 너무나 많이 가지고 있었기 때문이기도 하다. 또한 지나친 통제 속에서 자란 사람도 다른 사람이나 사건을 통제하려고 한다. 동시에 자신을 통제하려고 한다. 스스로 엄격한 규칙을 만들어 놓고 그것으로 자신과 사건, 그리고 다른 사람을 통제하려고 한다. 무언가 통제되지 않는 것처럼 느끼면 불안해한다.

6. 항상 너무 지나치게 노력한다.

성인아이는 노력을 안하는 것이 아니라 너무 노력을 하는데 문제가 있다. 그것은 어떤 일을 완벽하게 해서 자신의 부족함이나 수치심을 감추려는 시도일 수 있다.

7. 매우 높은 목표를 설정하고 나서, 그 목표를 위해 직접 착수하는 일을 계속 뒤로 미룬다.

이것은 뒤에 설명하겠지만 완벽주의적 특성 때문에 그렇다. 어떤 일을 완벽하게 하려고 하니까 생각이나 계획이 많다. 그러다 보니 선뜻 일을 시작하지 못하고 이렇게 할까 저렇게 할까 망설이게 된다. 이것이 결국 일을 미루게 한다. 나중에는 시간에 쫓겨 대충처리 할 수밖에 없게 된다.

8. 억압된 분노를 처리하는데 어려움이 있다.

분노는 적절하게 그때그때 해소되어야 한다. 건강하게 분노를 처리할 수 있어야 한다. 그러나 성인아이는 분노의 감정을 처리하는 방법을 알지 못한다. 그저 억압하거나 없는 것처럼 감춘다. 이것이 해결되지 않은 분노로 남아 괴롭히게 된다.

9. 이렇다 할 이유없이 두려움(공포감)을 느낄 때가 종종 있다.

역기능 가정에는 언제나 위기가 있다. 혹은 부모가 육체적, 정서적으로 학대할 수 있다. 이러한 위기감은 자녀들에게 두려움과 불안을 안겨 준다. 이러한 경험이 만성적인 불안이나 두려움을 갖게 한다.

10. 실패에 대한 두려움에 압도되거나 성공에 대한 두려움에 시달린다.

그러나 이 실패에 대한 두려움만 있는 것이 아니라 또한 성공에 대한 두려움에 시달린다. 일이 잘되는 것에 대해서도 두려움을 느낀다. 만일 어떻게 하다가 어떤 일이 성공을 하게 될 것같으면 "나는 성공할 자격이 없는 사람인데"라고 느낀다.

11. 충동적 행동의 문제가 있다.

충동적인 행동이라는 것은 두려움과 고통을 감소시키기 위해서 하는 행동이다. 여기에는 술, 마약, 일, 섹스, 음식, 종교, 도박에 중독 되거나, 화를 습관적으로 내는 것 등 여러 가지가 있을 수 있다.

12. 권위를 상징하는 인물에 대한 태도에 커다란 문제가 있다.

권위를 상징하는 존재에 대해서 두려움을 느끼거나 반항할 수가 있다. 또는 권위를 상징하는 존재에 대해서 겉으로는 순종하는 척하면서 내면적으로는 증오심, 반발심, 보복심을 가지고 있을 수도 있다.

13. 어린 시절의 전부 혹은 일부를 빼앗겼다는 느낌이 있다.

역기능 가정은 자녀들의 욕구를 충족시켜 주지 못한다. 오히려 자녀들이 어른들을 위해 무엇인가 해야 한다. 이러한 경험이 정상적인 어린 시절을 빼앗게 되고, 이것이 어린 시절에 대한 상실감을 갖게 한다.

14. 정상적인 것이 무엇인지 알지 못해 당황해 한다.

성인아이는 다른 사람은 모두 정상적인데 자신은 무엇인가 잘못되었고 정상적이 아닌 것 같다고 느낀다.

15. 다른 사람들이 원치 않을 때에도 다른 이들의 문제에 책임을 진다.

다른 사람들은 오히려 불편해 하고 귀찮아하는데도 불구하고 도우려고 한다. 또는 자신은 그들에 대해서 원한의 감정이 있으면서도 책임을 지고 도우려고 한다. 다른 사람을 통제하고 조종하려는 식으로 돕는다. 그래서 도움을 받는 사람은 무엇인가 잘못됐고 언짢고 기분이 나쁘다는 느낌을 갖게 된다. 그러나 무엇이 잘못됐는지 정확하게 파악하기가 어렵다.

II. 역기능 가정(Dysfunctional Family)의 특징

역기능 가정이란 어떤 가정인가?
하나의 직선이 있다고 생각해 보자. 오른쪽 끝은 100% 건강한 순기능 가정이라고 하자. 그 반대쪽인 왼쪽 끝은 완전한 역기능 가정이라고 하자. 이 연속선상에서 어떤 부분을 지나치면 그 가정은 분명한 역기능 가정이라고 할 수 있다. 물론 직선 상에서 어느 부분이 순기능 가정과 역기능 가정을 구분하는 분명한 경계선이라고 꼭 집어 말하기는 힘들다. 이 세상에 완전한 순기능 가정이나 역기능 가정은 없을 것이다. 대부분의 가정은 역기능성과 순기능성이 혼합되어 있다. 그러나 한가지 분명한 것은 이 역기능 가정은 그 속에서 자라난 아이에게 고통을 안겨 준다는 것이다.

역기능 가정이라는 말이 여러분에게 거부감을 줄 수도 있을 것이다. 자신이 자라 온 가정이 건강치 못했다라고 생각하기가 싫을 것이다. 그렇다면 어린 시절 스트레스를 많이 주었던 가정이라고 생각해도 무방하다.
그렇다면 역기능 가정은 어떤 특징을 가지고 있기에 자녀들에게 고통을 주는가?

A. 역기능 가정은 정서적으로 문제가 있는 사람에게 주의를 집중한다.

하나님께서는 자녀들이 부모를 공경하기를 기대하신다. 반면에 하나님께서는 부모들이 자녀를 사랑과 훈계로 양육하기를 기대하신다.

그런데 역기능 가정에는 정서적으로 문제를 안고 있는 성인이 하나 혹은 둘 이상이 있다. 다시 말하면 다른 식구들이 부모의 정서적인 욕구를 채워 주어야 하는 경우이다.

그렇게 정서적으로 문제를 안고 있는 사람은 다음과 같은 사람일 수 있다.

1. 알코올 중독자
2. 마약 중독자
3. 분노 중독자
4. 일 중독자
5. 성 중독자
6. 섭식 중독자(대식증, 거식증)
7. 종교 중독자

알코올 중독자나 마약 중독자는 자세한 설명이 없어도 다 이해할 수 있을 것이다.

분노 중독이라고 하는 것은 습관적으로 화를 내는데, 걷잡을 수 없이 폭발적으로 화를 내는 것을 말한다. 그 분노 때문에 다른 식구들은 두려움 속에 살게 된다. 그 분노는 언제 터질지 모른다. 마치 시한폭탄과 같다. 그런 이유로 다른 식구들은 긴장 속에 살아가게 된다.

식구들을 돌볼 겨를이 없을 정도로 일에 빠져 있는 경우가 있다. 어린아이 입장에서 아버지가 일 중독자일 경우에 그것을 나쁘게 생각하기 어렵다. 일 중독자 아버지 자신도 문제를 알지 못한다. 그러나 배우자나 자녀들은 고통을 겪는다. 차라리 알코올 중독이나 도박과 같은 분명하게 나쁜 것이라고 생각할 수 있는 문제라면 편하겠는데, 겉보기에는 좋은 것처럼 보이기 때문에 자녀들은 혼란을 겪게 된다.

이러한 문제는 알코올 중독자나 다른 중독자에게서도 나타날 수 있다. 이 경우 아버지는 참으로 선한 분이었다는 생각을 지워 버릴 수가 없다. 그런 아버지에게 정서적으로 문제가 있었다고 인정하기가 어려운 것이다.

성 중독자라고 할 때에는 여러 가지 유형이 다 포함된다. 음란물이나 포르노에 중독된 경우, 성관계 자체에 몰두하는 경우, 성적 학대나 폭행을 저지르는 경우, 아니면 외도하는 경우 등이 다 포함된다.

섭식 중독자라는 것은 많이 먹는 대식증이나 혹은 음식 먹기를 거부하는 거식증 모두가 포함된다. 이들은 정서적인 문제로 인하여 먹는 것에 장애를 겪는 사람들이다.

종교 중독자는 기독교인들에게는 생소한 것일 수 있다. 그러나 종교에도 분명히 중독될 수 있다. 경직되고 율법적인 신앙관을 가지고 자녀나 가정을 돌보지 않고 강박적으로 종교행위에 몰입하는 경우를 말한다. 대부분 이단 사이비 종파에 속한 사람들에게서 나타나지만 종종 정통 교회 안에서 나타나기도 한다.

하나님께서 우리에게 주신 건강한 가정의 모델을 한번 생각해 보라. 정서적, 영적으로 성숙한 남자와 여자가 만나 하나님 앞에서 동반자 관계의 언약을 맺고 결혼을 하여 이루어진 가정이 건강한 가정이라고 할 수 있을 것이다. 하나님께서 허락하신 자녀들을 잘 양육하는 부모와 자녀들이 존경하고 사랑하며 살아가는 가정이 건강한 가정이라고 할 수 있을 것이다.

그러나 어린아이처럼 행동하는 성인이 있고, 자녀에 의해서 도움을 받아야 하는 성인이 있는 가정이 있다면 그 가정은 분명히 역기능 가정이다.

B. 역기능 가정은 감정의 표현을 제한한다.

역기능 가정의 두 번째 특징은 감정의 표현을 제한한다는 것이다. 이런 가정에서 자란 자녀들은 자신들의 감정을 파묻어 둔 채 성장한다.

내가 초등학교 다닐 때였다. 여학생들은 체육관 안에서 운동을 했고 남학생들은 운동장에서 놀고 있었다. 그 때 한 친구가 내 어깨 위에 올라서서 체육관 안을 들여다보기를 원했다. 그래서 나는 어깨 위에 올라설 수 있게 해 주었다. 나는 벽을 보고 서 있고 친구는 유리창 안을 들여다보고 서 있었다. 그 때 갑자기 큰 소리가 들리면서 고통을 느꼈다. 아파서 돌아다보니까 담임 선생님이 막대기를 들고 서 계셨다. 그 막대기로 나를 때린 것이었다. 나는 그 때 무척 아팠다. 신체적으로도 아팠지만 정서적으로도 아팠다.

미국에는 학교에서 매맞고 들어오면 집에서는 더 많이 맞는다는 말이 있다. 그 말대로 나는 집에 가지를 못하고 집 모퉁이에 앉아 있었다. 내 친구가 곁으로 오더니 옆에 앉았다. 그리고 물었다.

"무슨 일이 있니?"

나는 아무 말도 할 수가 없었다.

"아니, 아무것도 아냐!"

나는 나의 고통에 대해서 표현하는 것을 허락할 수가 없었다. 친구는 분명 내가 무엇인가 고통스러워서 울상을 짓고 있는 것을 보고 있는데도 나는 아무것도 아니라고 말했던 것이다. 친구는 나의 그런 모습을 보고 재차 물었다.

"왜 그래? 무슨 일이야?"

나는 계속 아니라고 대답했고, 친구는 계속 왜그러느냐고 물었다. 나는 끝까지 나의 고통스러운 문제에 대해서 인정하기를 거부하였다. 아무 문제도 없다고 했다.

나의 가정에는 정서적이며 감정적인 고통이 너무 많았다. 그러나 그러한 감정들을 있는 그대로 표현하기에는 안전하지가 않았다. 그날 저녁 나는 친구로부터 매우 귀중한 선물을 받을 기회가 있었는데도 나는 그것을 놓쳤던 것이다. 친구는 나를 위로하고 격려해 주기를 원했는데 나는 그것을 허락하지 않았던 것이다. 마치 모든 문제를 나 자신이 통제하고, 문제가 없고, 괜찮은 것처럼 가장하면서 살아야 했던 것이다. 나는 자신감 있고 성공적인 사람처럼 보이기 위해서 많은 애를 써야 했다.

그러나 가슴속에는 많은 아픔이 있었다. 이렇게 역기능 가정은 감정을 표현하는 것을 제한하는 것이다.

그렇다면 내가 감정을 억압하고 있는지 아닌지를 어떻게 알 수 있는가? 아래의 내용이 당신에게 해당된다면 그것은 자신의 감정을 억압하고 있다는 증거가 될 수 있다.

1. 억압된 감정을 점검하기 위한 진단목록

a) 당신은 종종 자신의 감정을 느끼기보다는 다른 사람들의 감정을 느끼는가?
b) 종종 당신은 자신이 정서적으로 어떤 감정을 느끼는지 의식할 수가 없는가? 당신은 어떤 감정을 느끼기는 하는데, 그 감정이 무엇인지 식별할 수 없고, 구체적으로 어떤 감정인지 이름을 붙일 수 없을 때가 있는가?
c) 강렬한 감정을 느껴야 마땅하다고 보일 때 당신은 아무것도 느끼지 못할 때가 많은가?
d) 당신은 자신의 감정을 숨기기 위해 애를 많이 쓰고 있는가?

위의 네 가지 중에서 한가지 이상이 당신에게 해당된다면, 당신은 자신의 감정을 억압하고 있다고 할 수 있다.

앞에서도 말했지만, 우리의 감정은 하나님께서 주신 좋은 선물이다. 이 감정이 올바르고 풍부하게 표현될 때에 우리는 풍요로운 삶을 살 수 있는 것이다.

그러나 우리의 감정을 억누른다면, 그것은 다른 정서적인 문제와 행동적인 문제를 일으킬 수 있다.

2. 감정에 대한 역기능 가정의 규칙들

역기능 가정에는 깨뜨릴 수 없는 경직된 규칙을 가지고 있는 경우가 많다. 이것은 감정에 대해서도 마찬가지이다. 감정을 표현하는데 몇 가지 규칙을 가지고 있는 것이다. 이 규칙은 글로 적어서 벽에다 써 놓은 것은 아니다. 글로 되어 있지 않은 불문율이지만 매우 강력하게 작용하는 규칙들이다. 그것은 다음과 같은 규칙들이다.

a) 어떤 감정은 괜찮고, 어떤 감정은 안된다.

내가 알고 있는 어떤 가정은 화를 내는 것은 괜찮다. 그러나 슬픈 감정을 표현하는 것은 허용되지가 않는다. 이러할 경우 슬픈 감정은 억압된다.
내가 슬플 때에는 다른 사람이 와서 위로해 주는 것이 필요하다. 그러나 슬퍼하면서도 화를 낸다면 다른 사람이 가까이 하기가 어렵다. 거부감을 느끼기 때문이다. 결국 자연스러운 감정의 표현이 제한되기 때문에 다른 사람과의 관계에 문제가 일어나게 된다.
어떤 가정은 전혀 반대로 감정이 표현된다. 슬픈 감정을 표현할 수는 있지만, 화를 내면 안된다. 그렇기 때문에 화가 났을 때에는 슬픔이라는 감정에 담아서 표현한다. 이러한 경우에는 분노의 감정이 억압된다. 억압된 분노는 정서적으로 뿐만이 아니라 육체적으로도 많은 부정적인 영향을 미치게 된다.
그리스도인인 경우 화를 내는 것에 대해서 죄의식을 가지고 있는 경우가 많다. 그래서 분노의 감정을 억압한다. 그러나 분노의 감정이 해소되지 않고 단순히 억압될 때, 그것은 고통이 되는 것이다.

b) 어떤 감정이 어떤 때는 괜찮고, 또 다른 때는 표현해서는 안된다. 이것에 대한 규칙은 분명치 않다.

똑같은 감정인데 어떤 때는 받아들여지다가, 또 다른 때에는 거부되는 경우를 말한다. 예를 들어 어느 날 딸애가 학교에서 친구들과 놀림을 받아 슬픈 표정으로 집에 들어왔다고 하자. 아버지는 그러한 딸을 보고 안아 주면서 위로해 준다. 그런데 며칠 있다가 똑같은 일로 딸애가 슬픈 표정으로 들어오자 아버지가 화를 내면서 '너는 왜 그렇게 바보처럼 놀림만 받냐?'고 소리를 지르며 야단을 쳤다고 하자. 그러면 딸애는 당황하게 된다. 아버지의 따뜻한 위로의 말을 듣고 싶었는데, 오늘은 전혀 다른 반응을 보이기 때문이다. 이렇게 똑같은 감정에 대해서 예측할 수 없는 반응이 되풀이되면 자녀들은 혼란을 겪는다. 어떻게 대처해야 할 지를 모르게 된다. 마치 계란 위를 걷는 것과 같은 생활이 된다. 나아가서 자신이 느끼는 감정이 괜찮은 것인지, 느껴도 되는 것인지 아닌지를 알 수가 없게 된다. 자신의 감정에 혼란을 겪게 되는 것이다.

c) 어떤 감정은 특정한 가족에게는 괜찮고, 다른 가족에게는 허용되지 않는다.

예를 들어서 아버지는 맘대로 화를 낼 수 있는데, 다른 식구들은 절대로 화를 낼 수가 없는 것과 같은 경우이다.

3. 이 규칙 아래 생활하는 결과들

감정에 대한 역기능 가정의 규칙 아래에서 성장하게 될 때에 자녀들은 자신의 감정에 대해서 다음과 같은 생각을 하게 된다.

a) 나의 감정은 중요하지 않다고 느낀다.

자녀들은 거듭 자신의 감정은 부정되고, 억압되는 경험을 하게 됨으로써 내 감정은 중요한 것이 아니라고 생각하게 된다.

b) 나는 아무것도 제대로 느끼지 못한다.

다른 사람의 감정을 우선적으로 따르다 보니 자신의 감정에 대해서 혼란을 겪게 되고, 심할 경우 자신의 감정을 알지 못하게 된다.

예를 들자면 다음과 같은 경우로 자신의 감정을 억압하는 것이다.

● 정서적 회로차단기 효과 : 전류가 갑자기 너무 많이 흐르게 되면 차단을 해야만 안전하다. 역기능 가정에서 자란 자녀들의 감정도 이와 같다. 너무나 강력한 정서적인 고통을 겪게 되기 때문에 차단할 필요가 있는 것이다. 나는 이 감정을 도저히 감당할 수가 없다. 그러니 차라리 아무것도 느끼지 못하도록 차단해 버리자고 결정하는 것이다.

● 음량조절 효과 : 라디오를 듣다가 소리가 너무 크면 우리는 음량을 조절한다. 이와 같이 감정이 너무나 고통스럽기 때문에 그 크기를 스스로 조절하는 것이다. 어떤 것도 강력하게 느끼지 못하게끔 스스로 조절하는 것이다.

● 선별적 감정 가리기 : 어떤 종류의 감정이 자신에게 안전하지 않다고 판단될 때에 그것을 걸러 내는 것이다. 예를 들어 두려운 감정을 감당할 수 없을 것 같을 때에는 그 감정을 차단시켜 버리는 것이다.

c) 나는 위기를 통해 산다.

역기능 가정에는 언제나 위기가 있다. 이렇게 끊임없는 위기는 마치 위기 없이는 살지 못할 것처럼 생각하게 만든다. 편안해지면 오히려 무엇인가 잘못된 것처럼 느껴 불안해하게 된다.

C. 역기능 가정은 분명한 어떤 사실에 대해서 드러내 놓고 말하는 것을 막는 역할을 한다.

아버지가 분명히 알코올 중독자인 경우를 생각해 보자. 아들이 집에 들어왔는데, 아버지가 술이 곤드레만드레 취해서 정신이 없는 상태에 있는 것이 보였다. 그러나 아무도 아버지에 대해서 말하지 않는다. 마치 아무 일도 없는 것처럼 지나가 버린다.

아버지가 술에 취해서 술주정을 할 때도 있다. 정상적인 가정일 경우에는 아버지가 술을 마시고 식구들을 괴롭힐 경우, 아버지의 잘못된 행동에 대해서 말할 것이다. 그리고 대화를 통해 해결책을 찾을 것이다.

그러나 역기능 가정에서는 비정상적인 일이 분명히 일어났는데도 마치 아무 일도 없는 것처럼 넘어가 버린다. 그렇다고 마음에 아무런 감정도 느끼지 않는 것은 아니다. 억눌러 버리는 것이다. 이렇게 억눌린 감정은 또다른 부정적인 문제를 낳게 된다.

D. 역기능 가정은 가정 내의 자녀들에게 생존역할을 강요한다.

하나님께서는 가정에서 자라는 자녀 하나 하나가 자신의 은사를 확인하고 그것을 발전시켜 나가기를 원하신다. 그것은 매우 자연스러우며 자발적인 성장과정을 통해서 이루어지는 것이다.

그러나 역기능 가정에서는 가정에서의 역할이 강요된다. 이것을 전문용어로 생존역할이라고 한다. 즉, 역기능 가정에서는 자녀들에게 생존역할을 강요한다는 것이다. 때에 따라서 이 생존역할은 그 자녀가 선천적으로 가지고 태어난 신체적인 특징과 연관될 수도 있다. 예를 들면 다음과 같은 역할들이다.

1. 희생양

목사인 친구가 다음과 같은 이야기를 해준 적이 있다. 고등학교 3학년에 다닐 때에 하루는 늦게 집에 들어가게 되었다. 그는 수영장이 있는 큰 저택에서 살고 있었다. 집에 들어서자 수영장 근처에서 이상한 소리가 들렸다. 무슨 소린가 하고 수영장으로 가보니 그의 어머니가 아령을 목에 매고 물에 빠져서 허우적대고 있는 것이 보였다. 삶을 비관하여 자살하기 위해 아령을 목에 매고 물에 뛰어들었던 것이다. 다행히 아들이 때마춰 들어왔기 때문에 어머니를 살릴 수가 있었다.

그런데 문제는 그 다음날이었다. 아버지가 아들을 불러 앉혀 놓고 말했다.
"네가 운동하던 아령을 잘 치워놓았다면 이런 일이 생기지 않았을 것 아니냐!"

어머니의 자살 소동이 갑자기 아들의 잘못이 되었던 것이다. 친구는 어머니 대신 비난을 들어야 했다. 친구는 가정의 문제를 대신 짊어지는 희생양의 역할을 하게 되었던 것이다.

이렇게 희생양의 역할이란 가정의 문제를 강제적으로 떠 안는 역할을 말한다.

2. 영웅

영웅이라고 하는 것은 많은 것을 성취하는 역할이다. 역기능 가정의 영웅은 '내 가정을 보지 말고 나를 봐'라고 말하고자 하는 것이다. 이 영웅은 열심히 노력하여 성공하는 사람이다. 어떤 분야에서든지 성공하고 성취하는 사람이다. 그러나 내면은 너무나 피곤하고 힘들고 외로운 상태이다. 그가 영웅이 된 것은 자신의 가정의 문제를 감추기 위해서였기 때문이다.

3. 대리배우자

예를 들자면 앞에서 말한 나의 친구 데이비드와 같은 경우이다. 그는 12살 소년시절에 잃을 뻔한 집을 건져낸 사람이다. 다시 말하면 어머니에게는 가장의 역할, 즉 남편의 역할을 대신해 준 것이다. 이러한 경우를 대리배우자 역할이라고 한다.

정신적인 의미에서의 대리배우자도 있지만, 이것이 발전하여 성적인 역할을 하는 경우도 있다. 이러할 때에 근친상간이 일어나기도 한다.

4. 조용한 아이

내 가정에는 너무나 문제가 많이 있기 때문에 나는 뒤에 숨겠다. 숨어서 절대로 눈에 띄지 않겠다고 생각하는 경우이다. 나는 차라리 없는 것처럼 하는 것이 좋겠다고 생각하는 역할이다.

이 조용한 아이 역할을 담당하는 사람은 어딜 가든지 숨어 있는 것에 익숙하다. 같이 파티에 참석했는데도 다음날 친구들은 묻는다.

"너 어제 파티에 왜 오지 않았니?"

가정에서도 마찬가지이다. 식구들은 그가 있는지 없는지 알 수가 없다. 조용히 없는 것처럼 생활하기 때문이다.

5. 반항아

반항아는 말 그대로 반항적인 역할을 하는 사람을 말한다. 그는 이렇게 말한다.

"네가 그렇게 속을 썩여? 그래 어디 두고 보자. 나는 너보다 한 술 더 뜰 것이다."

그렇게 해서 문제가 되고 있는 부모에게 반항하고 더 큰 문제를 일으키고자 한다. 말하자면 더 큰 문제를 일으켜 자신이 받은 상처에 대해 복수를 하는 것이다.

6. 어릿광대

이 어릿광대는 다음과 같이 생각한다.

"우리 집에는 너무나 문제가 많고 고통이 많아. 우리 가정에 고통이 사라지게 하려면 웃음이 필요해. 내가 부모님을 즐겁게 해 주면 문제를 일으키지 않을 거야. 나는 식구들에게 웃음을 선사해야 해."

그래서 웃기는 역할을 하는 사람이다.

E. 역기능 가정은 성장하는 자녀들에게 적절한 양육을 제공하지 못한다.

양육이라는 것은 신체적인 필요뿐만이 아니라 정서적, 영적인 필요를 채워 주는 것을 포함한다. 예를 들면 자녀들에게는 다음과 같은 것들이 충족되어야 한다.
1. 자녀들은 기본적인 신체적 필요를 채우는데 도움이 필요하다.
    a) 공간 : 자녀들에게는 쉬고 놀 수 있는 자신만의 공간이 필요하다.
    b) 음식 : 자녀들에게는 충분한 영양을 섭취할 수 있는 음식이 제공되어야 한다.
    c) 의복 : 자녀들에게는 입고 지낼 수 있는 충분한 의복이 제공되어야 한다.
    d) 위생과 건강 : 자녀들에게는 아플 때 병원에 갈 수 있고 돌봄을 받을 수 있는 위생과 건강에 관한 필요가 충족되어야 한다.
2. 자녀들은 그들의 감정을 확인 받을 필요가 있다.
3. 자녀들에게는 믿고 신뢰할 필요가 있는 것이 몇 가지 있다.
    a) 학교를 마치고 귀가했을 때 맞아 줄 준비가 필요하다.
    b) 상처를 입었을 때 의지할 수 있는 누군가가 필요하다.
    c) 가정 내에서 어떤 가치는 존중될 필요가 있다.
    d) 엄마와 아빠가 내일 살아 계실 것이다.
    e) 누군가가 그들에게 귀를 기울여 들어줄 필요가 있다.
4. 자녀들은 적절한 방법으로 만져 줄 필요가 있다. 만일 부모가 자녀들에게 애정표현을 전혀 하지 않는다면 자녀는 공허감을 느끼고 고통할 수밖에 없다.
5. 자녀들은 놀 필요가 있다. 어린아이들이 노는 것은 극히 정상적인 것이다. 지금 어린이들에게서 놀 시간을 빼앗고 공부하라고 하면서 너무 조숙한 아이로 만들려고 몰아붙이고 있는 것이 동서양을 막론한 전세계적인 현상이다. 어린아이들이 예수님을 찾아왔을 때 너희들은 가서 일해라, 공부해라고 말씀하시지 않았다. 예수님께서는 자신에게 온 어린아이들을 안아 주셨다. 나는 예수님께서 어린아이들과 놀아 주셨다고 믿고 있다.

6. 자녀들은 무엇이 실재인지를 아는데 도움이 필요하다. 즉, 어떤 진실된 설명과 가르침을 받을 필요가 있다.

F. 역기능 가정은 바깥 세상에 대하여 폐쇄되어 있다.

역기능은 가정은 대부분의 경우에 비밀을 가지고 있다. 그 비밀은 여러 가지일 수 있다. 예를 들면 교회에서 훌륭하다고 인정을 받는 장로님이 집에서는 화를 잘 내는 화중독자일 수 있다. 그 사실은 밖으로 알려져서는 안되는 비밀이 된다. 가정에 이러한 비밀이 있을 경우 마치 보이지 않는 사람과 같이 사는 것과 같다. 이 보이지 않는 사람이 여기 저기 좌충우돌하면서 다닌다. 때에 따라 그 인물과 맞닥뜨릴 수도 있지만, 보이지는 않는다.

18살 때 아버지와 사촌간이 되는 분을 만난 적이 있었다. 그분을 방문해서 이런 저런 이야기를 나누기 시작했을 때 나는 큰 충격을 받았다. 그분은 무심코 말했다.
"이 일은 네 아버지가 샐리라는 여자와 결혼했을 때 이야기야."
내 어머니의 이름은 샐리가 아니었다. 그 때까지 샐리라는 이름의 여자에 대해서 들어본 적도 없었다. 18세가 되던 그날 나는 처음으로 아버지가 내 어머니와 결혼하기 전에 19년 동안 다른 여자와 생활한 경험이 있었다는 것을 알게 되었다. 18살이 되었는데도 나는 아버지의 배경에 대해서 아무것도 모르고 있었던 것이다. 18년 동안 같이 살면서 한 번도 아버지의 살아온 배경에 대해서 물어 보지도 못했던 것이다. 내 아버지가 20살에서 40살이 될 때까지의 20여년이라는 삶의 공백기간에 대해서 나는 아무런 의문도 가지지 않았으며, 아무것도 물어 보지도 않았던 것이다. 왜냐하면 그것은 가족의 비밀이었기 때문에 아무도 그 때에 대해서 언급하지 않았기 때문이었다.

가족에 비밀이 있을 경우 그것은 마치 집에 코끼리를 키우면서 집에 코끼리가 없다고 말하는 것과 같다. 식구들은 코끼리가 어지럽

힌 것을 치우기는 하지만 코끼리 자체는 부정하는 것이다. 아무도 코끼리 자체에 대해서는 언급하지 않는다. 만일 여러분의 집 안방에 코끼리가 있다면 다른 사람을 집에 초청하는 것은 위험한 일이 된다. 그 사람은 당연히 "왜 코끼리를 데리고 사냐?"라고 물을 것이기 때문이다. 그런데 그러한 질문은 우리 집에서는 허용되는 질문이 아니다. 결국 코끼리에 대해서 묻지 못하게 하려면 다른 사람을 집에 오게 하면 안된다. 집에 코끼리가 있다는 것을 알게 해서는 안되는 것이다. 이렇게 역기능 가정은 바깥 세상에 대해서 폐쇄되어 있는 것이다.

III. 역기능 가정의 부정적 부산물

역기능 가정은 앞에서 말한 여러 가지 이유들로 인하여 자녀들에게 부정적인 영향을 주게 된다. 예를 들면 다음과 같은 것들이다.

A. 역기능 가정은 자존감을 무너뜨린다.

1. 역기능 가정은 양육에 실패함으로써 자존감을 무너뜨린다.

부모가 잘 보살펴 주고 양육시켜 줄 때에 자녀들은 자존감을 높여가게 된다. 그런데 역기능 가정은 앞서 설명한 바와 같이 자녀양육에 성공적이지 못하다. 자녀들에게 필요한 육체적, 정서적, 영적인 필요들을 잘 채워 주지 못한다. 역기능 가정의 부모들은 나름대로의 방법으로 열심히 자녀들을 양육한다고 하지만 자녀들의 입장에서 보면 여러 가지 문제가 많다. 이러한 문제들이 자녀들의 자존감을 떨어뜨리게 된다.

2. 역기능 가정은 그들의 감정이 중요하지 않다고 가르침으로 자존감을 무너뜨린다.

내가 어렸을 때에 야구선수로 리틀리그에 참여한 적이 있었다. 그때 아주 작은 어떤 어린아이가 시합에 져서 축 쳐진 모습으로 울고 있는 것이 보였다. 아마도 5살쯤 된 어린아이로 보였다. 그 아이의 아버지는 50 걸음쯤 떨어져 있었다. 그는 바로 그 아이가 소속해 있는 팀의 코치였다. 그는 시합에 져서 축 쳐진 어깨를 들먹이며 울고 있는 5살 짜리 꼬마를 보면서 단호하게 말했다.

"넌 시합에 져 놓고 뭐가 잘났다고 울고 있는 거냐? 다른 사람들이 너의 그 꼴을 보면 뭐라고 생각하겠니?"

아버지는 사람들이 보고 있는 앞에서 아들을 야단치고 있었다. 시합에 져서 울고 있는 아이의 감정은 그 아버지에게 중요한 것이 아니었던 것이다. 즉, 아들 자신의 감정은 중요하지 않다고 공개적으로 무시하고 있었던 것이다. 이러할 때에 자녀들의 감정은 무너지게 되는 것이다.

3. 역기능 가정은 관계적이거나 정서적인 문제를 해결하기 위한 문제해결전략을 개발하는데 실패함으로 자존감을 무너뜨린다.

건강한 가정에는 전혀 문제가 없을 것이라고 생각하는 사람들이 있다. 그러나 100% 문제가 없는 가정은 없다. 중요한 차이는 문제가 생겼을 때 그것을 어떻게 처리할 줄 아느냐 하는 것이다. 건강한 가정은 가정이나 혹은 식구들 중 어느 하나에게 문제가 생겼을 때 가족 전체가 지혜를 모아서 그 문제를 해결할 수 있는 해결책을 찾아내는 가정이다.

그러나 역기능 가정은 이러한 일을 할 줄 모른다. 문제가 생기면 마치 아무런 문제가 없는 것처럼 덮어 버리려고 한다. 분명하게 존재하고 있는 것을 없는 것으로 감추고 생활하는 것이다.

예를 들어 자녀가 어쩌다가 밖에서 다른 아이들에게 매를 맞고 들어왔다고 하자. 건강한 가정일 경우에는 우선적으로 매를 맞은 자녀의 손상된 자존심과 감정을 위로해 주려고 한다. 그리고 구체적으로 그 일의 과정을 자세히 듣고 나서 가장 최선의 해결책을 찾으려고 하게 된다.
 그러나 역기능 가정에서는 대부분 자녀가 맞고 들어왔다는 사실에 대한 부모의 불편한 감정을 피해자인 자녀에게 퍼붓는 것부터 시작된다. 그리고 정작 문제의 자초지종에 대해서는 자세하게 알려고도 하지 않는다. 창피하니까 없던 일로 하라고 하거나, 아니면 문제를 해결한답시고 가해자의 부모나 가정과 또다른 문제를 일으키는 경우가 많다. 자녀에게는 그 사실이 또다른 수치가 된다.
 역기능 가정의 이러한 특징은 자녀들이 문제를 해결하는 방법을 배우지 못하게 한다. 다른 사람과의 관계와 감정적인 문제를 해결할 줄 모를 때 운명론에 빠지게 된다. 나는 언제나 문제가 많아. 나는 아무것도 할 수 없어. 그게 내 운명이지. 이러한 생각은 자녀들의 자존감을 무너뜨린다.

 4. 역기능 가정은 건전하지 않은 생존역할을 허용함으로 자존감을 무너뜨린다.

 생존역할에 대해서는 앞에서 이미 자세하게 설명하였다. 생존역할의 문제는 자신의 진정한 자아, 자신의 진정한 역할이나 가치를 감추고 거짓된 역할을 하면서 살아가게 한다는 것이다. 스스로 나는 지금 진정한 나의 모습으로 살아가는 것이 아니라 거짓된 모습으로 살아간다고 생각할 때에 자존감은 낮아질 수밖에 없다. 어떤 생존역할을 하든지 그 틀에 갇혀서 진정한 자아를 억압하면서 살아가게 된다. 이것은 내면의 고통이 되며, 자존감을 무너뜨린다.

 5. 역기능 가정은 수치심을 전이시킴으로써 자존감을 무너뜨린다.

 자녀들이 수치심이 아니라 부모가 가지고 있는 수치심이나 가족의 수치심을 마치 자신의 것인 양 전이 받는 것이다. 예를 들어 다음과 같은 경우이다.
 "내가 8살이었던 때로 기억된다. 시간은 12시 통금시간 직전이었다. 온 동네가 조용한 정적에 싸여 있었다. 그때 갑자기 동네의 개들이 짖어 대기 시작하였다. 그리고는 술취한 분노의 음성이 들리며, 곧바로 대문을 발로 냅다 걷어차는 소리가 들렸다. 항상 그래 왔듯이 오늘도 역시 같은 사건의 반복이었다.
'민호야! 이 새끼야, 이리 와서 무릎 꿇어!'
그 때부터 술에 취해 혀는 꼬부라져 알아들을 수 없는 목소리의 일장훈시가 동네가 따나갈듯 시작되었다.
다음날 아침 나는 언제나 그랬듯이 아버지의 속푸는 약을 사기 위해 동네를 가로질러 약국으로 가야 했다. 약국으로 가다 보면 동네 아주머니들의 음성이 귓가에 들렸다.
'쟤 아버지는 술만 안 마시면 그렇게 좋은 사람인데...'
그러면 나는 부끄러움과 수치심에 몸둘 바를 몰라 했다. 그러한 동네 아주머니들의 말들이 내 가슴속에 남아서 수치심이 되었다. 나는 내 아버지의 행동 때문에 수치심을 느끼게 되었다. 수치심은 어른이 되어서도 나를 따라다녔으며, 언제나 내가 하는 일의 뒤에 숨어 있었다. 나는 아직도 내 속에 수치심을 가지고 있다. 나는 다른 사람 앞에 서면 수치심을 느끼며, 하나님 앞에서도 수치심을 느낀다. 나는 하나님이 사랑이시라는 것을 알고 있다. 내 마음은 수치심이라는 필터를 통하여 하나님을 바라보게 되었다."

위의 이야기의 경우 분명히 아들이 아니라 아버지의 수치스러운 행동인데도 불구하고 정작 수치심을 갖게 된 사람은 아들이었다. 수치심이 전이된 것이다. 이렇게 부모의 수치심이 자녀에게 전이될 때에 그 자녀의 자존감은 무너지게 된다.

B. 역기능 가정은 수치심을 생산하는 공장일 수 있다.

1. 건강한 수치심과 건강하지 않은 수치심 사이에는 차이가 있다.

정상적인 사람은 때에 따라서 수치심을 느낄 줄 알아야 한다. 예를 들어 잘못을 저질렀다면 당연히 수치심을 느껴야 한다. 그것은 하나님께서 우리가 잘못된 일을 저질렀을 때에는 바로잡을 수 있도록 주신 좋은 감정 중의 하나이다.

건강한 수치심을 느끼는 사람은 자신이 잘못을 저질렀을 때에 불편한 감정을 느낀다. 내 자신이 인격적으로 무엇인가 부족하구나 하는 생각을 하게 된다. 하나님은 우리가 무엇인가 잘못을 저질러 수치심을 느낄 때에는 그것을 시인하고 말로 고백하고 하나님께 도움을 구하라고 하셨다. 그러면 그 수치심은 사라지게 된다.

그러나 건강치 못한 수치심, 병적인 수치심은 절대로 사라지려고 하지 않는다. 여러분이 행동을 바꾸던, 마음을 바꾸던 그 수치심은 계속 남아서 여러분을 괴롭히게 될 것이다. 이 건강치 못한 수치심, 병적인 수치심은 여러분에게 붙어서 평생을 같이 살고 싶어한다.

우리가 말하는 수치심이란 바로 이러한 수치심을 의미한다. 여러분에게 붙어서 사라지지 않고 끊임없이 괴롭히고 있는 건강치 못한 수치심을 말하는 것이다.

2. 역기능 가정은 자녀에게 건전치 못한 수치심을 전수한다.

내가 열살 때쯤으로 기억한다. 무슨 일이 있어서 어머니가 나와 누이를 차에 태우고 가게 되었다. 한참을 가는데 길옆에 아버지의 새 차가 주차되어 있는 것이 보였다. 차안을 보니 아버지가 술에 만취되어 운전대 앞에 엎드려 있는 것이 보였다. 그 모습을 보고 어머니가 짜증스러운 음성으로 말했다.

"저게 네 아빠란다!"

그 말을 듣는 순간 아버지에 대해서 심한 수치심을 느꼈다. 물론 어머니가 우리에게 수치심을 느끼게 하려고 의도적으로 그렇게 말한 것이 아님에도 말이다.

역기능 가정의 자녀들은 다음과 같이 수치심을 느낀다.

a) 자녀는 부모의 행동에 대하여 수치심을 느낀다.

b) 자녀는 부모와 정서적으로 속박(enmeshed)될 수 있다.

정서적으로 속박되어 있으며, 부모가 어떤 수치심을 가지고 있을 때 자녀도 똑같이 그 수치심을 갖게 된다.

예를 들어 자동차 뒤에다 트레일러를 연결시킨다고 하자. 트레일러 자체에는 엔진도 없고 발전기도 없다. 그러므로 차와 연결될 때에만 전기가 들어온다. 이와 같이 역기능 가정에서 부모에게 속박되어 자라는 자녀들에게는 자기 자신의 감정이 없다. 부모와 정서적으로 속박되어 있기 때문에 독립적으로는 자신의 감정을 알지 못한다. 어떤 사람이 지금 감정이 어떠하냐고 물으면 부모를 보고서야 자신의 감정을 알고 대답한다. 부모가 곁에 없을 때에는 자신의 감정에 대해서 대답하지 못한다. 아버지가 기분이 좋으면 자신도 기분이 좋다. 아버지가 기분이 나쁘면 자신도 기분이 나쁘다. 아버지가 부끄러워하면 자녀도 덩달아서 부끄러워하게 되는 것이다.

c) 가족의 비밀이 수치심을 유발한다.

가정에 감춰야만 하는 비밀이 있을 때, 그 비밀을 지키라고 너무나 강조하기 때문에 자녀들은 자신이나 가정이 무엇인가 잘못되었다는 생각을 하게 된다. 자신이 무엇인가 잘못되었다는 감정 자체가 수치심이 된다. 그러다 보면 비밀 자체보다도 수치심이 더 큰 문제가 된다. 이렇게 가정의 비밀은 자녀들에게 수치심을 주게 된다.

d) 학대(폭력)의 희생자인 자녀가 수치심을 느낀다.

학대에는 여러 가지가 있다. 신체적, 정서적, 언어적, 성적인 학대가 있다. 그리고 영적 학대라는 것도 있다.

사람이 분노를 폭발한다는 것은 정서적인 폭력의 한 형태이다. 모든 이단 사이비 집단에게 일어나고 있는 일들은 영적 학대라고 할 수 있다. 성적 학대, 혹은 폭력이라고 하는 것은 성적인 경계를 침범하는 것을 의미한다. 어린이에게 외설적인 포르노 필름을 보여주는 것도 성폭력이다. 부모나 혹은 다른 친척들이 어린아이를 성적으로 만지거나 성적 경계를 침범하는 것도 성적 학대이다. 여기에는 성교까지 포함될 수 있다.

성적 학대, 혹은 폭력은 강력한 감정을 일으킬 수 있다. 그 폭력을 행사하는 감정을 그대로 전이 받게 된다. 피해자가 오히려 가해자의 수치스러운 행동에 대한 감정을 전이 받게 되는 것이다. 그래서 가해자가 느껴야 할 수치심을 오히려 피해자가 갖게 된다.

만일 성폭력의 희생자일 경우 신뢰할 만하고 자신의 비밀을 지켜줄 수 있는 상담자에게 그 사실을 털어놓은 것이 필요하다. 그러할 때에 도움을 받고 치료를 받을 수 있게 된다. 감추고 있게 되면 그것은 다른 감정들로 발전되어 어려움을 겪게 된다.

e) 어린 시절의 외상(trauma)적인 경험을 해소할 수 없는 자녀는 수치심을 느낀다.

내가 인도하던 지원그룹에 참여했던 60세된 노인을 기억하고 있다. 어느 날 이 노인이 지원그룹에서 자신이 경험했던 어린 시절의 일을 이야기하였다. 그 노인은 철길 옆에 살고 있었는데, 그 때 경험했던 두려움과 공포에 대한 것이었다. 노인은 그 때의 경험을 이야기하면서 그 때의 순간으로 되돌아가고 있었다. 기차가 지나가는 소리가 너무나 두렵고, 마치 기차가 자신을 덮칠 것만 같다고 하였다. 그렇게 말할 때에 인도자였던 나는 그분의 어린 시절로 같이 돌아가 말했다.

"기차는 철길을 따라 달리기 때문에 너에게 영향을 미치지 않아!"

그러자 그 노인이 갑자기 외쳤다.

"저 기차가 내 사촌을 죽였어!"

인도자였던 나는 그 때 어떤 일어났었다는 사실을 직감하고 물었다.

"그 때 무슨 일이 있었죠? 말씀해 주실 수 있습니까?"

그러자 그 노인은 자신이 어렸을 때 경험했던 철길 사고에 대해서 말하기 시작하였다.

"제가 열 살쯤 되었을 때입니다. 그 때 저는 같은 10대인 사촌이 운전하는 차를 타고 가고 있었습니다. 철길을 따라 가다가 철길을 건너려고 하는데 기차가 달려오는 것이 보였습니다. 저는 큰 소리 질렀습니다.
'형 기차가 와!'
그러나 라디오를 크게 틀어 놓고 있었기 때문에 사촌형은 저의 말을 알아듣질 못했습니다. 우리가 타고 있던 자동차는 기차와 정면 충돌하게 되었습니다. 10살밖에 안된 제가 그러한 사고를 당했던 것입니다. 사촌형은 심하게 다쳐 길에 누워 있는 것이 보였습니다. 죽지는 않았지만, 너무 심하게 다쳐 정신이 없었습니다. 몸에는 여기저기 상처가 심했습니다. 그 모습을 본 저는 너무나 무서워서 옆에 있는 나무 숲속으로 달려가 숨어서 그저 떨면서 보고만 있었습니다. 저는 정말 무서워 아무 생각도 할 수 없었습니다."

그 노인이 그룹원들에게 그 이야기를 할 때 느낄 수 있었던 것은 자신의 잘못이라고 자책하고 있는 노인의 모습이었다. 그 노인은 사고의 책임이 자신에게 있다고 생각하고 있었던 것이다.

어린아이들은 무슨 일이 일어나건 자신 때문이라고 느낀다. 그와 같이 그 노인도 사촌이 크게 다치게 된 사고는 바로 자신 때문이라고 생각하고 있었던 것이다.

나는 그분의 어릴 적 경험에 대해서 들은 후 누구에겐가 그 이야기를 할 기회가 있었냐고 물었다. 60세된 그 노인은 지금까지 한번도 그때의 끔찍했던 사고에 대해서 말한 적이 없었다고 대답하였다. 그 노인이 자라 온 가정의 분위기는 어떤 문제를 드러내 놓고 말할 수 있는 분위기가 아니었다. 즉, 자녀들이 자신의 감정과 일, 혹은 정서적으로 큰 충격을 받은 외상적인 경험을 털어놓고 처리할 수 있도록 도와주는 분위기가 아니었던 것이다.

역기능 가정은 자녀들이 가지고 있는 외상적인 경험을 처리할 수 있도록 도와주지 못한다. 건강한 가정은 자녀들에게 어떤 비극적인 일이 일어났을 때 자연스럽게 그에 대해 이야기하고, 묻는다. "왜 이런 일이 나에게 일어났죠?" "또 이러한 일이 일어나면 어떻게 하죠?" "그런 일이 일어난 것이 나 때문인가요?" 그러면서 어린아이는 두려움을 처리할 수 있어야 한다.

그 60세된 노인이 그 나이가 될 때까지 어릴 적에 경험하였던 정서적인 고통의 감정을 처리하지 못하고 가슴에 간직하고 살아왔다고 상상해 보라. 그 노인은 그날 저녁에 비로소 그 지원그룹 앞에서 그때의 고통을 내 놓았던 것이다. 그 노인이 이야기를 다 마쳤을 때 그룹원들은 모두 그 때의 사고를 같이 당한 것처럼 느꼈다. 모두가 기진맥진했고, 고통을 느꼈던 것이다.

외상적인 경험을 처리할 수 없는 자녀가 느낄 수 있는 증상은 여러 가지가 있을 수 있다. 그 증상 중의 하나가 수치심이다. 나는 역기능 가정 출신의 성인아이를 하이스트레스 차일드(high-stress child)라고 해도 무방하다고 생각한다. 대부분의 경우에 스트레스가 가족으로부터 유발되기 때문이다. 어린 시절에 스트레스를 안겨 주는 원인제공자들은 부모가 아니라 학교 선생님이나 또는 중요한 영향을 미치는 사람들일 수도 있다.

역기능 가정의 어린아이는 대부분의 경우 정서적으로 깊은 상처를 받았던 경험(외상적인 경험)에 대해서 털어놓고 이야기하고, 그것을 처리할 기회를 갖지 못한다. 이것이 수치심을 갖게 되는 원인이 되는 것이다.

f) 감정이 확인되지 않은 자녀가 수치심을 느낀다.

앞에서 한 예로 리틀리그 야구에 져서 여러 사람들 앞에서 자신의 감정을 무시당했던 어린아이에 대해 다시 생각해 보자. 아마도 그 아이는 어른이 된 후에 성인아이 지원그룹에 참여하게 될 것이다. 왜냐하면 그 아버지는 그 아이가 당시에 느꼈던 감정을 공감하고 확인해 주지 않았기 때문이다. 어린아이로 하여금 튼튼하고 강하게 자기를 절제하면서 자라도록 가르치는 것은 결코 잘못된 일은 아니다. 내가 잘못되었다고 말하는 것은 강한 자녀로 키우려는 아버지가 잘못되었다는 것을 말하려는 것이 아니라, 아이의 감정을 무시하는 것이 잘못되었다고 말하는 것이다.

g) 자녀는 직접적인 언어적인 표현에 의하여 수치심을 느낄 수 있다.

예를 들어서 아들이 셋이 있는데, 부모가 셋째 자녀에게 "우린 네가 태어나기 전까지는 행복했었어! 너는 사실 낳고 싶어서 난 것이 아니라 우연히 생긴 거야!"라고 말했다고 하자. 그럴 경우 셋째 아이는 수치심을 갖게 된다. 가족은 알게 모르게 그에게 수치심을 전이시켜 주게 되는 것이다.

더욱 흔한 경우는 수치를 느끼게 하는 부정적인 메세지나 다른 사람과 비교하는 말을 수백번 되풀이해서 듣게 되는 경우이다. 예를 들면 "넌 그것도 못하니!" "너는 차라리 없는 게 낫겠다.!" "너는 동생만도 못하구나!" 등과 같은 말이다. 이러한 말은 그 사람의 존재 자체를 부정하는 말이기 때문에 거듭 들으면서 자라게 되면 자녀들은 자신에 대하여 수치심을 갖게 된다.

3. 성인아이는 수치심에 기반을 둔 정체감을 가지고 있다.

자녀가 수치심을 갖게 되면, 그 수치심이 바탕에 깔린 성격이 형성되게 된다. 이렇게 수치심으로 둘러싸인 성격이 형성되면 나중에 하나님의 은혜도 뚫고 들어갈 수 없는 지경에까지 이를 수 있게 된다.

수치심이 바탕에 깔린 자아정체감을 갖고 있을 경우 어떤 감정이나 사건을 만나게 되면 그 밑바탕에 있는 수치심이 되살아날 수 있다. 나의 경우를 예로 들어보겠다.

나는 아버지와 우리 가정의 모습 때문에 점점 수치심을 갖게 되었다. 그러던 어느 날 맥도널드라는 식당에서 식사를 하게 되었다. 그 때는 아침이어서 소세지 비스켓이라는 음식을 주문하였다. 음식이 나왔길래 먹으려고 하는데 작은 빵같이 생긴 과자를 보니 거기에 머리카락이 있는 것이 보였다. 그대로 먹을 수가 없어서 그것을 들고 카운터로 갔다.

"여기 머리카락이 있는데요."

그러자 카운터를 보던 여자가 그걸 보더니 주방에서 일하던 사람들을 불렀다. 그러자 식당에서 일하는 사람들이 다 모여들었다. 그리고는 그 머리카락이 누구의 것인지 알아보기 시작하였다. 그 때 나는 마치 컴컴한 극장의 무대 위에서 스포트라이트를 혼자 받고 서 있는 느낌이 들었다. 그러한 가운데 카운터의 그 여자는 주방에서 일하고 있는 사람들에게 그들이 문제가 있다는 것을 알게 하려고 애를 쓰고 있었다. 종업원들은 한 사람씩 돌아가면서 그건 자신의 머리카락이 아니라고 하였다. 이제는 손님들도 와서 그것을 구경하고 있었다. 그러자 갑자기 나의 수치심이 발동하기 시작하였다. 그것이 머리끝부터 발끝까지 나를 잠식해 가면서 몸 전체를 휩싸기 시작하였다.

"내가 무언가 또 못할 짓을 저질렀구나. 창피해서 어쩌지. 차라리 내가 없어지는 것이 좋겠어."

그 상황 속에서 잘못을 저지른 사람은 내가 아니었다. 문제라고 한다면 카운터의 그 여자가 문제를 잘못 처리한 것이었다. 그런데도 내가 수치심을 느꼈던 것이다. 나는 성인아이로서 그 여자가 유발시킨 수치심을 거부하지 못하고 마치 내것인양 그대로 수용했던 것이다.

나는 그 때 수치심을 처리하는 법을 배웠다. 나는 나 자신에게 속으로 말하였다.

"이건 내 수치심이 아니야! 저 여자가 일을 잘못 처리한 거야!"

나는 그렇게 말하면서 그 수치심을 당사자에게 돌려주었다.

성인아이가 수치심을 느낀다고 하는 것은 수치심이라고 쓴 안경을 쓰고 다니는 것과 같다. 어디를 봐도 수치심을 느끼게 되는 것이다. 좋고 건강한 것을 보아도 수치심이라고 쓰여진 안경을 통해서 보게 되는 것이다. 그러므로 다음과 같은 사실을 발견하게 된다.

a) 수치심에 기반을 둔 정체감은 되풀이된 수치심을 주는 메시지의 결과이다.

b) 어떤 감정과 사건은 성인이 되었을 때(인생후반에) 수치심을 불

러일으킬 수 있다.

4. 수치심은 되풀이해서 테이프가 돌아간다.

또달리 비유를 통해서 수치심을 말한다면 수치심이라는 녹음 테이프가 돌아가는 것과 같다. 거듭 같은 메세지가 돌아가는 것이다. 예를 들면 다음과 같은 것이다.

a) 너 자신을 숨겨라는 테이프이다.

수치심을 감추기 위해서이다. 성경에 볼 것같으면 이 수치심이라는 것은 숨고 싶은 것과 연관되어 있다. 얼굴이 창피하면 얼굴을 가린다.

수치심과 죄책감은 이웃사촌간이라 할 수 있는데, 수치심은 자기 자신에 대해서 느끼는 감정이고, 죄책감이라는 것은 자기 행동에 대한 감정이다. 수치심이나 죄책감을 가지고 있을 때에는 그것을 감추려고 하게 된다. 그러므로 수치심이 바탕에 깔린 인격은 가면을 쓰고 살게 된다.

간혹 교회가 본의 아니게 사람들에게 가면을 쓰고 살라고 가르치는 경우가 있다. 진정으로 행복하지도 않은데 행복하게 살라고 한다. 죄사함에 대한 확신도 없는데 죄를 용서받은 사람처럼 살라고 한다. 그러면 사람들은 마치 정말로 행복하고 죄책감이 없는 사람처럼 가면을 쓰고 살아가게 된다.

"행복하세요."
"용서받은 사람처럼 행동하세요."

그러나 가슴속에는 아직도 고통과 슬픔과 죄책감이 있다. 그러할 경우에는 정직하게 자신의 문제를 내놓아야 한다. 우리가 정직하게 우리의 모습을 가지고 주님께 나아 올 때 거기에 참 은혜가 있게 되는 것이다. 우리가 가면을 쓰게 되면 그런 우리의 모습을 보시는 주님은 매우 슬퍼하실 것이다. 주님은 예 할 것은 예 하고, 아니오 할 것은 아니오 하라고 하셨다. 그런데도 우리는 가면을 쓴다. 진정한 자신을 감춘 채 거짓을 행하고 있는 것이다.

예 할 것은 예 하고 아니오 할 것은 아니오 하라는 말은 우리에게 투명하고 솔직하라는 말씀이라고 생각한다. 그런데 우리는 우리도 모르는 사이에 우리 모습 그대로 오면 안된다고 가르치고 있는 것이다. 우리의 고통을 있는 그대로 인정하면 복음의 능력을 약화시킨다고 착각하고 있는 것이다.

그러나 사실은 그 반대이다. 세상은 우리가 쓴 가면을 보고 있는 것이다. 우리가 만일 거짓 없이 투명하게 우리의 모습을 그대로 내어놓고 생활하면 세상사람들은 우리의 그러한 투명한 모습을 보고 오히려 매력을 느낄 것이다. 우리의 고통과 아픔을 그대로 가지고 하나님 앞에 나아 올 때 사람들은 진정한 우리의 모습에 마음이 끌릴 것이며, 그 속에서 우리는 복음을 증거할 수 있는 기회를 갖게 될 것이다. 우리가 가면을 벗고 우리 자신에 대해서 정직한 것이 결코 복음을 약화시키는 것이 아니다. 오히려 복음의 능력을 더욱 강화시키게 되는 것이다. 세상은 우리가 이미 온전하지 않은 사람이라는 것을 알고 있기 때문이다. 그러기에 가면을 쓸 이유가 없는 것이다.

b) 너는 다른 사람들과 똑같은 생활을 할 자격이 없다는 테이프이다.

이것은 "너는 고통을 느낄 권리가 없어."라는 메세지와 같다. 겉으로는 매우 자신감 있는 사람처럼 행동을 하지만 속에는 이러한 생각이 가득차 있다. 겉으로는 성공을 하였지만, 속에는 열등감이 가득차 있게 되는 것이다.

c) 고통을 느끼는 것에 대해서 사과하라는 테이프이다.

자신이 고통을 느끼면서도 그것이 미안하다는 생각을 하는 것이다. 상담자를 찾아와서도 첫마디가 "이렇게 찾아와서 미안합니다."라는 것이다. 상담료를 지불하고 정당하게 상담을 하면서도 "오늘 선생님 시간을 빼앗아서 죄송합니다."라고 말하는 것이다. 다른 사람이 아파하는 것은 괜찮지만 내가 아파하는 것은 잘못된 것이다. 내가 아파하는 것은 내 잘못이라고 생각하는 것이다. 앞에서 야구를 하던 5살 짜리 어린아이의 경우처럼 거듭 자신의 감정이 잘못된 것이라는 말을 듣고 자라게 되면 머리 속에는 이러한 메세지의 테이프가 계속 돌아가게 된다.

d) 수용(용납:acceptability)되기 위하여 스스로 노력하라는 테이프이다.
이러한 메세지가 계속되면 은혜를 경험하지 못하게 하는 장애물이 된다. 자신은 더 노력해야만, 더 올바르게 되어야만 하나님께서 받아들여 주실 것이라는 생각은 하나님의 값없이 주시는 은혜를 경험할 수 없게 만든다. 자신은 무엇인가 지금 부족하기 때문에 하나님께 수용될 수 없다는 생각하면서 더욱 노력해야 한다고 생각하는 것이다.

e) 다른 사람들에게 가까이 가지 말라는 테이프이다. 이것은 스스로 가면을 쓰고 있기 때문이다. 가면을 쓰고 있기 때문에 다른 사람이 가까이 오게 되면 자신의 가면을 쓴 모습이 들통날 것 같기 때문에 그것이 두려워서 다른 사람들을 피하는 것이다.
이러한 문제를 가진 성인아이는 결혼을 하고서도 배우자에게 가까이 가지 못한다. 무엇인가를 감추게 되는 것이다. 그러면 부부가 친밀감을 느낄 수가 없다.
어떤 경우에는 사람을 가까이 하고 싶어하다가도 막상 가까워지면 자신의 수치심과 내면이 드러날 것 같아 밀어내는 경우도 있다.

f) 파괴적인 관계에 그대로 머물러 있으라는 테이프이다.
수치심을 가지고 있다 하더라도 어떤 사람과 관계를 갖게 될 경우 그것이 건강한 관계인지 아닌지를 스스로 알 수 있다. 그러나 성인아이들은 분명히 건강한 관계가 아닌 것을 알면서도 스스로 자신은 그러한 대우를 받을 자격밖에 없다고 생각하면서 그 관계에 그대로 머물러 있는 경우가 많다. 그의 사고에는 "너는 그러한 대우밖에 받을 자격이 없다."는 메세지의 테이프가 계속 돌아가기 때문이다.

5. 수치심은 너무나 고통스러워 부인될 필요가 있다고 생각한다.

이렇게 수치심을 부인하는데 여러 가지 방법이 있다.

a) 수치심을 느끼지 않는 것처럼 행동함으로써 수치심을 부인한다.
오히려 뻔뻔해지는 것이다. 앞에서 설명한 생존역할의 경우와 같이 반항아의 경우가 여기에 해당한다고 할 수 있다. 반항아는 수치심 때문에 고통을 당하게 되니까 오히려 더 나쁜 행동을 해서 그것을 부정하려고 하는 것이다.

b) 엄격한 규율을 따라 생활함으로써 수치심을 부인한다.
이것은 a)항의 경우와는 반대의 경우라 할 수 있다. 이상하게 들릴지 모르지만 규율, 규칙이라고 하는 것이 부끄러움으로부터 나를 보호하는 방편이 될 수 있다는 생각이다. "내가 이 모든 규칙을 엄격하게 지킬 수만 있다면 수치심으로부터 해방될 수 있을 것이다."라고 생각하는 것이다.

c) 수치심을 다른 사람에게 전가시킴으로 수치심을 부인한다.
언젠가 미국의 유명한 TV 부흥사가 어떤 여성과의 염문으로 세상이 떠들썩했던 적이 있다. 그 때 어떤 사람이 그 목사가 불륜의 생활을 하고 있던 2년 동안의 그의 설교를 분석한 적이 있다. 그 TV 부흥목사가 비윤리적인 행동을 하는 동안 했던 설교의 주제는 놀랍게도 '성적인 죄를 멀리하라'는 것이었다. 자신의 부끄러움을 다른 사람에게 전가시키면서 스스로의 행동을 부정하고 있었던 것이다. 만일 매주 설교를 통해서 회중들에게 수치심을 전가시키는 설교자가 있다면 그 설교자 스스로가 수치심으로 가득차 있는 사람일 수 있다.

우리는 수치심에 중독이 될 수도 있다. 어떤 사람은 교회에 가는 이유가 무엇이냐고 물으면 일주일에 한번씩 그 수치심의 주사를 맞기 위해서 간다고 말한다. 그렇다면 그 사람은 교회를 잘못 알고 다니는 것이다.

우리가 믿는 것은 복음이다. 복음이란 기쁜 소식이다. 우리의 죄와 수치가 사해졌다는 것을 믿는 것이다. 물론 죄의 문제를 쉽게 생각해서는 안된다. 하지만 교회에서 와서 가학적으로 자신의 죄책감과 수치심을 확신하는 식이 되어서는 하나님의 은혜를 헛되이 만드는 것이다. 우리가 믿는 바는 우리의 죄와 연약함과 모든 허물이 예수 그리스도의 십자가의 공로로 사해졌다는 기쁜 소식인 것이다.

d) 어떤 감정도 느끼지 않음으로써 수치심을 부인할 수 있다.

앞에서 회로차단 효과에 대해서 말한 적이 있다. 너무나 고통이 크기 때문에 그것을 의식적으로는 감당할 수가 없어서 아예 감정을 차단시켜 버리는 것을 말한다. 수치심에 대해서도 마찬가지다. 수치심을 차단시키는 것이다. 느끼지 않는 것이다. 이것이 되풀이되다 보면 아예 감정적으로 마비된 상태가 된다. 감정이 마비된 사람은 다른 사람과의 친교를 나누기가 어렵게 된다. 마음적으로 가까와질 수 없기 때문이다.

e) 충동적인 행동을 통하여 수치심을 부인한다.

충동적 행동이란 알코올 중독이나 일 중독, 화 중독과 같은 중독적인 행동을 의미한다. 여기에는 종교 중독도 있을 수 있다. 우리는 때때로 수치심에서 벗어나기 위하여 규칙적으로 종교적인 행위를 되풀이하는 생활을 선택 할 수도 있다. 그러나 그것이 어떤 것이던 충동적인 행동을 통하여 수치심을 부정하고 도망하려고 할 때에는 우리 자신과는 화해할 수가 없게 되는 것이다.

C. 성인아이는 어떤 형태의 충동적 행동에 빠져들 가능성이 높다.

수치심을 부정하는 가장 강력한 방법 가운데 하나는 충동적인 행동을 하는 것이다. 성인아이는 대부분의 경우에 어떤 형태의 충동적인 행동을 되풀이하는 경향이 있다. 예를 들면 다음과 같은 행동들이다.

1. 충동적 행동의 예

   a) 알코올 또는 마약
   b) 일, 성취, 성공
   c) 과소비, 도박, 축재와 같은 돈 중독
   d) 음식중독
   e) 성 중독
   f) 인정(approval) 의존증
   g) 다른 사람을 구조해 주는 행동유형
   h) 해로운 관계에 의존함
   i) 신체적 질병(hypochondria)
   j) 운동과 체력관리
   k) 화장, 의복, 성형수술, 겉이 잘 보이기 위해 노력함
   l) 학문적 추구와 지나친 지성화
   m) 종교성과 종교적 율법주의
   n) 청소와 회피
   o) 조직분류(organizing)

음식중독은 두 가지로 나타나는데, 그것은 대식증과 거식증이다. 대식증이란 심리적 요인에 의하여 많이 먹는 경우이고, 거식증이란 심리적으로 음식 먹기를 거부하는 것이다.

성 중독이란 말 그대로 성행위에 중독된 상태를 말하는 것인데, 여기에는 성에 대해서 강박적으로 계속해서 생각한다든지, 포르노그래피와 같은 외설적인 사진이나 잡지를 충동적으로 본다든지, 아니면 문란한 성관계를 지속적으로 갖는 경우 모두를 포함한다.

여러분이 유의할 것은 성취욕구나 성공하려고 하는 것, 혹은 운동

이나 체력관리를 하는 것, 학문적 추구, 청소, 조직분류 등은 그 자체가 나쁜 것은 아니라는 것이다. 그러나 그것이 강박적이거나 충동적인 행동이어서 만일 집안을 정리하지 않으면 불안해서 잠이 오지 않는다든지, 책이 한 권이라도 거꾸로 꽂혀 있으면 신경질적인 반응을 보이게 된다면 그것은 치료받아야 할 상태이다.

우리는 충동적으로 종교적 행위에 몰입할 수도 있다. 대체적으로 이단 사이비종교에 빠진 사람들이 그렇긴 하지만, 정통 교회 안에서도 이런 사람들을 많이 볼 수 있다.

내가 9살 때의 일이다. 성탄절이 되어 새로운 성경을 선물로 받았다. 그 성경책에는 일년 동안 읽는 성경읽기표가 들어 있었다. 나는 일년 동안에 성경을 한번 다 읽겠다고 각오를 굳게 하였다. 아침에는 구약성경을 읽고, 저녁에는 신약성경을 읽기로 작정을 하였다. 그러나 어린 때라 성경의 내용들을 이해할 수가 없었다. 특히 고어로 된 단어들을 전혀 이해할 수가 없었다.

성경 안에는 주일학교 교재가 같이 끼워 있었다. 나는 성경책을 읽은 후에는 성경과 주일학교 교재를 책상의 오른쪽 아래에 두곤 하였다. 나는 주일학교 교재의 측면이 책상 가장자리로부터 반인치쯤 떨어진 곳에, 그리고 밑부분은 책상 앞부분으로부터 반인치 떨어진 곳에 정확히 일치하도록 놓곤 하였다. 그리고 성경을 주일학교 교재 위에 끝부분이 정확하게 일치하도록 하여 올려놓곤 하였다. 그리고 그것이 정확하게 맞았는지 50번 이상 확인하곤 하였다. 나는 이런 이야기를 할 때에 고통을 느낀다. 여러분은 참 이상하다는 생각을 하겠지만, 나는 수치심을 극복하기 위해서 그렇게 노력을 했던 것이기 때문이다.

나의 아버지는 알코올 중독자였다. 그의 행동은 예측할 수가 없었다. 아버지는 내가 필요할 때에는 곁에 계시지 않았다. 아우성을 치면서 도움을 요청했지만, 언제나 아무도 곁에 없었다. 나의 강박적이며 충동적인 행동은 바로 그러한 고통에서 벗어나려는 시도였다.

이러한 충동적인 행동은 공통적인 특징을 가지고 있다.

2. 충동적 행동의 특징

내가 지금 말하고 있는 내용들은 모든 충동적 행동에 해당되는 것이다.

a) 충동적 행동에 빠져 있는 동안에 어떤 종류의 감정, 예를 들면 고통이나 두려움이나 슬픔 등과 같은 감정은 사라진다.
내가 성경에다 주일학교 교재를 맞추고 있는 동안 나는 고통스러운 감정으로부터 도망치고 있는 것이다. 알코올중독도 마찬가지이다. 술에 취해 있는 동안에는 고통을 느끼지 않는다. 일에 중독 되어 있는 목회자의 경우 열심히 일을 하고 있는 동안에는 어떤 고통이나 감정으로부터 자유로울 수 있는 것이다.
우리는 종종 어떤 충동적 행동은 나쁜 것이고, 어떤 충동적 행동은 그렇게 나쁜 것은 아니다라고 생각하는 경향이 있다. 알코올중독은 나쁘지만 일 중독은 그렇게 나쁜 것은 아니라고 생각한다. 사실 일을 열심히 한다는 것은 그리스도인에게는 특히 좋은 덕목으로 되어 있다.
그러나 우리는 알코올 중독과 일 중독이라는 이 두 가지 충동적인 행동은 같은 끈으로 연결되어 있다는 것을 생각해야만 한다. 그것은 두 가지 행동 모두가 어떤 고통으로부터 도망치려는 것이라는 사실이다. 무엇인가로부터 도망치기 위해서 충동적으로 어떤 행동에 몰입하고 있는 것이다.

b) 그 행동은 동시에 기분이 좋으면서 동시에 기분이 나쁘다.
충동적인 행동을 하는 동안에는 그 고통을 잊어버리기 때문에 기분이 좋을 수 있다. 그러나 불쾌한 것은 그 행동이 나를 조종하고 있다는 사실이다. 그렇게 충동적으로 몰입하지 않으면 견딜 수 없기 때문이다. 그 사실이 좋지 않은 감정을 주게 된다.

c) 충동적 행동은 그 성격이 점진적이다.

어제 만족스럽고 좋았던 것이 오늘은 부족할 수 있다. 나에게는 사촌이 있다. 그는 코카인 중독자인데 지금 회복되어 가는 중에 있다. 사촌은 코카인 중독자로서 가장 두려운 것은 점점 더 많이 투약하지 않으면 아무런 쾌감도 느끼지 못한다는 점이라고 하였다. 코카인은 내성이 아주 강한 물질이라 점점 양을 늘리지 않으면 아무런 느낌도 주지 않게 되는 것이다. 이러한 특징은 다른 중독증에도 그대로 적용될 수 있다. 일 중독자는 점점 더 자신을 몰아붙이고, 더욱 많은 양의 알코올을 마셔야만 한다.

d) 충동은 나의 온전함이나 나의 생존과는 무관하다.

술을 먹는다든지, 도박에 빠진다든지, 외도를 한다는 것은 자신에게는 오히려 해가 되는 행동이다. 또한 생존해 가는데도 방해가 되는 행동이다. 그런데도 그러한 행동에 빠지게 된다. 그것은 오직 정서적으로 충족되지 못한 어떤 상실감을 채우려는 시도거나 어떤 고통이나 두려움, 혹은 불편함에서 벗어나려는 노력에 불과하다.

e) 충동적 행동은 나의 생활에너지를 앗아간다.

충동적 행동은 폭발적으로 일어나기 때문에 나로 하여금 언제나 피곤한 상태에 있게 만든다.

f) 충동적 행동은 그 자체의 생명과 정체를 갖고 있는 것처럼 보인다.

충동적 행동을 하는 동안에는 생동감을 느낀다. 순간적인 치료를 느끼기도 한다. 그러나 그 후에는 또다른 수치심이나 공허감을 느끼게 된다.

D. 성인아이는 이례적으로 높은 자신의 감정을 통제할 필요를 느낄 수 있다.

왜 이렇게 느끼는가? 역기능 가정의 모습을 상상해 보면 금방 이해할 수 있다. 아버지가 알코올 중독자일 경우 술을 마시고 와서 예상치 못한 행동을 하게 되는데, 그러한 통제할 수 없는 분위기를 계속 경험하게 되기 때문에 통제 욕구를 그만큼 더 크게 느끼게 되는 것이다. 그래서 이런 가정에서 성장한 성인아이는 언제나 독립을 하게 되면 내가 모든 것을 통제하는 생활을 할 것이라고 결심하게 된다.

다음으로 생각할 것은 성인아이는 너무나 많은 고통을 경험하기 때문에 자신의 감정은 통제되어야 할 필요가 있다는 생각을 하게 된다는 점이다. 내가 자 자신의 감정을 통제할 수 있다면 내가 통제하지 못할 것은 없을 것이라고 생각하게 되는 것이다.

이러한 이유로 역기능 가정에서 성장한 성인아이는 다른 사람을 신뢰하지 못하고 통제하려고 하게 된다.

1. 사람들을 통제하고 하고픈 충동을 느낀다.

   a) 역기능 가정은 통제가 불가능한 것처럼 느낀다.
   b) 역기능 가정은 너무나 많은 고통을 유발하기 때문에 자녀들은 내 감정을 통제하는 법을 배운다.
   c) 역기능 가정은 신뢰감을 길러 주는 일을 제대로 하지 못한다.
   d) 역기능 가정은 그들의 가족의 실수를 보상하기를 원하는 자녀를 만들어 낼 수도 있다. 우리 가정에는 수치스러운 일이 많이 있기 때문에 내가 어떤 것을 잘해서, 아니면 잘 되어서 그것을 보상해야 된다고 생각하는 것이다. 이런 생각에 다른 사람을 통제함으로써 보상하려고 하는 사람이 된다.

2. 통제하는 한 가지 형태로서의 완벽주의

완벽주의는 통제의 한 유형이다. 이것은 강박적인 행동으로서 하나님께 영광이 되지 않는다. 성경에는 온전하라, 혹은 완전하라는 말이 나온다. 이것은 어떤 흠도 결점도 없는 완벽한 사람이 되라는 의미가 아니다. 이 말의 본래의 뜻은 성숙한 사람이 되라는 것이다.

그러면 이 완벽주의는 어떻게 해서 생기는 것일까? 그 뿌리는 무엇인가?

a) 완벽주의의 뿌리들

완벽주의의 뿌리는 우리가 어렸을 때에 지속적으로 들으며 자랐던 메세지에 있다. 그 중에 중요하게 영향을 준 메세지들을 생각해 보면 다음과 같다.

(1) "좀 더" 메세지 :

어떤 일을 했을 때 좀 더 잘했으면 좋겠다는 말을 듣는다면 기분이 상할 것이다. 자신이 무엇인가 부족하다는 생각을 하게 될 것이다. 그런데 우리는 어려서부터 이러한 말을 많이 듣고 자란다. "좀 더 잘해라. 좀 더 많이 해라. 좀 더 컸으면 좋겠다. 좀 더 착했으면 좋겠다." 이러한 말들은 나는 무엇인가 부족하기 때문에 더 노력해야 한다는 생각을 만들어 준다.

(2) "흠이 없어야 한다"는 메세지 :

공장에서 어떤 상품을 만들 때에는 물론 흠이 없어야 할 것이다. 그러나 인간관계에서는 흠이 없을 수가 없다. 그런데 우리는 종종 그러한 요구를 받는 경우가 많다. "네가 이왕 그 일을 하려면 철저하게 해라!" 아주 작은 일에도 그러한 요구를 받게 된다. 그러나 실상 이 세상의 모든 일이 다 완벽하게 처리해야 할 가치가 있는 것은 아니다. 때로는 실수가 있을 수도 있는 것이다. 최선을 다해서 할 일도 있지만, 대충 할 일도 있는 것이다. 그런데 흠이 없이 해야 한다는 메세지를 거듭 들으며 자라게 되면 완벽주의자가 된다.

(3) "열심히 일함으로 통과할 수 있다"는 메세지 :

우리는 성장과정에서 형제들과 경쟁하게 된다. 부모들은 이러한 자녀들의 심리를 알지 못하고 자꾸 비교하는 말을 하게 된다. "넌 동생만도 못하니?" "누나 좀 봐라. 그렇게 못하겠니?" 이러한 메세지를 계속 듣고 자라게 되면 자신도 모르게 '나는 더 노력해야지만 동생보다 잘 할 수 있어.' 혹은 '나는 더 열심히 하지 않으면 형보다 못하게 될 꺼야!'라는 생각을 하게 된다. 다른 형제들보다 더 노력해서 잘 하지 않으면 부모의 인정을 받을 수 없다고 생각하게 되는 것이다. 동시에 이러한 메세지는 수치심과 병행한다. 항상 비교되는 말을 들어왔기 때문에 자신은 무엇인가 남보다 못하다는 생각을 갖게 되고, 이러한 생각이 열심히 일해야만 한다는 메세지를 주게 되는 것이다.

(4) "빈둥거리고 논다"는 메세지 :
또하나 어렸을 때 부모로부터 많이 듣던 말은 '빈둥거리지 말라'는 말이다. 이러한 메세지가 되풀이되면 쉬는 것에 대해서 죄책감을 갖게 된다. 일을 하지 않고 있는 동안에는 불안을 느낀다. 쉬거나 즐거운 여가시간을 가지게 되면 무엇인가 죄를 짓고 있는 것같은 느낌이 든다.
열심히 일하는 것은 기독교인의 덕목중 하나이다. 그러나 하나님께서는 6일 동안 열심히 일하고 제7일에는 쉬라고 하셨다. 그러므로 강박적으로 일에 몰두하는 것은 자신뿐만이 아니라 다른 사람과의 관계에 문제를 일으킨다.

위와 같이 어려서부터 거듭 들어왔던 메세지가 완벽주의의 뿌리라고 할 수 있다.
그렇다면 완벽주의는 나에게 어떤 결과를 가져다주는가?

b) 완벽주의의 대가
경험한 사람들은 알겠지만, 완벽주의는 여러분을 스스로 지치게 만든다. 다른 사람과의 관계를 어렵게 만든다. 뿐만 아니라 이 완벽주의는 어떤 일을 뒤로 미루는 습관으로 이어질 수 있다.
어떤 일을 계획할 때에는 다음과 같이 생각한다.
"나는 이 일을 완벽하게 할 것이다."
그러면서 동시에 다음과 같은 생각을 한다.
"지금은 일을 하기에는 너무 힘들기 때문에 다음에 더 완벽하게 시작하지."
그래서 미루고 미루다가 결국에는 마감날짜가 거의 다 되어서야 일에 착수하게 된다. 쫓겨서 일을 하게 되기 때문에 아드레날린이 왕성하게 분비된 홍분된 상태에서 일을 하게 된다. 그러면서 다음과 같이 생각한다.
"이제 시간이 얼마 남지 않았어. 그러니 완벽할 필요는 없잖아. 최선만 다하면 되는 거 아냐?"
이 세상에 완벽하신 분은 하나님 한 분이시다. 그러기 때문에 내가 모든 것에 완벽 하려고 하는 것은 내가 하나님이 되려는 것과 같다. 충동적인 행동이나 완벽주의적인 행동은 우리가 고통스러운 감정으로부터 도피하려는 것이다. 고통스러운 것을 감추려는 것이다. 그러한 행동은 우리를 괴롭히는 또다른 굴레가 된다.

요약하면 완벽주의는 다음과 같은 결과를 가져다준다.

(1) 완벽주의는 당신을 지치게 만든다.
(2) 완벽주의는 다른 사람들과의 관계를 어렵게 만든다.
(3) 완벽주의는 뒤로 미루는 습관으로 이어질 수 있다.
(4) 완벽주의는 오직 하나님만이 하실 수 있는 것을 하려는 노력이다.

F. 성인아이는 그들의 문제를 직면하지 않기 위해 부정(denial)을 사용한다.

부정하는 방법에는 여러 가지가 있는데, 대체로 성인아이들은 다음과 같이 부정한다.
1. 그것은 아프지 않았다. 또는 그렇게 많이 아픈 것은 아니었다.
2. 나는 그것을 이미 해결했다.
3. 다른 사람은 더 많은 아픔을 겪었다.

지원그룹에 참여했던 여인 중에 아버지가 어머니에게 총을 쏘는 충격적인 장면을 목격했던 딸이 있었다. 그 딸이 어머니에게 그 때의 일을 말할 기회가 있었다. 딸의 이야기를 듣던 그 어머니는 다음과 같이 말했다.
"넌 너무 그 때의 일을 과장하고 있어!"
그러자 그 딸이 되물었다.
"아빠가 엄마를 총으로 쐈을 때 어땠어요?"
그 어머니가 정색을 하면서 딸에게 대답했다.
"설마 아버지가 날 미워해서 그랬겠니? 그건 사고였어. 그렇기 때문에 나는 지금 아무렇지도 않아."
이러한 경우 어머니는 분명히 실재하고 있는 일을 부정하는 것이다. 딸은 그 때의 일로 인하여 엄청난 정서적 고통을 당하고 있는데, 어머니는 그 일이 아무것도 아니라고 부정하고 있는 것이다. 이러할 때 딸은 또다른 혼란을 겪게 된다.

IV. 회복을 위한 기본 원리들

우리의 정서적인 회복을 위해서는 다음과 같은 기본적인 원리들을 알아야 한다.

A. 역기능 가정 출신의 사람들은 예측할 수 있는 유형의 행동을 한다.

성인아이들은 한 사람 한 사람이 특이하지 않다는 것이 아니다. 그러나 대체적으로 성인아이들은 그 행동유형이 비슷하다. 그러기 때문에 그들의 행동을 예측할 수 있다. 물론 예측할 수 있는 행동도 약간의 차이가 있을 수는 있다. 예를 들면, 역기능 가정에서 성장한 자녀들은 생존역할을 택하게 되는데, 어떤 사람은 적극적인 영웅의 역할을 택할 수 있고, 어떤 사람은 수동적인 조용한 역할을 택할 수 있는 것이다.

B. 성인아이는 과거를 극복하기 위해 과거를 직면해야 한다.

성인아이 치유를 위한 두 번째 원리는 고통스러운 과거를 극복하기 위해서는 그 과거를 직면해야 한다는 것이다. 고통스러운 과거로부터 도망치려고 하면 할수록 그 고통은 더욱 커진다.

C. 역기능 가정에서 성장하면서 겪은 부정적인 결과는 건강한 신앙의 발달을 저해할 수 있다.

하나님에 대한 감정은 자라날 때 가장 큰 영향을 주었던 권위자의 모습으로 느껴진다. 그런데 역기능 가정의 부모나 혹은 어른들, 즉 권위를 가진 사람들은 대체적으로 자녀들이 어떤 잘못을 했을 때 용서하지 못하거나 관용하지 못했다. 언제나 무엇을 요구하고 그것을 하지 않았을 때에는 벌을 주거나 체벌을 가하기도 하였다.
이러한 경험이 하나님에 대해서 왜곡된 관점을 갖게 만들고, 용서나 사랑을 경험하기 어렵거나, 하나님의 뜻을 신뢰하면서 살아가기 어렵게 만든다. 결국 건강하고 성숙한 신앙생활이 아닌 편협하고 경직된 신앙생활을 하게 된다.

D. 성인아이는 자신의 과거의 상처를 극복하고 영적, 정서적으로 온전한 생활을 누릴 수 있다.

역기능 가정에서 성장하였다고 해서 모든 사람이 다 희생자처럼 사는 것은 아니다. 또 그것이 현재의 삶을 방해하는 고통이 되도록 예정되어 있는 것도 아니다. 여러분이 그러한 과거에 어떻게 대응하고 극복하느냐에 따라서 여러분은 더욱 성숙한 삶을 살 수 있는 것이다.

E. 성인아이는 반드시 다른 사람에게 자신을 도울 수 있도록 허락해야 한다.

성인아이를 치유하는 방법 중에 독서요법이라는 것이 있다. 책을 읽는 것은 좋은 출발점일 수 있다. 자신이 어떤 사람이며, 어떤 상태에 있는지 각성할 수 있는 좋은 방법일 수 있다.

그러나 단순히 책을 읽는 것만으로는 치유가 일어나지 않는다. 자신을 더욱 감추게 되는 경우도 있다. 자신을 합리화시키고, 자신에게 맞는 것만 취사선택하여 읽을 수도 있다.

그러므로 어느 시점에 이르러서는 신뢰할 만하고, 비판하거나 판단하거나 정죄하거나 고쳐 주려는 시도를 하지 않고 있는 그대로 나의 말을 들어줄 수 있는 사람이나, 혹은 지원그룹에서 나의 문제를 털어놓고 이야기하는 과정이 필요하다. 그러할 때에 억눌렸던 감정과 고통이 해소될 수 있는 것이다.

F. 치유의 여정에서 궁극적으로 하나님만이 치유의 원천이 되신다.

회복을 위한 기본 원리들 중의 마지막은 하나님만이 치유의 원천이 되신다는 것이다. 우리가 하나님을 신앙한다는 것은 궁극적으로 우리의 모든 문제의 해답은 하나님이시다라는 것을 믿는 것이다. 하나님만이 우리를 완전한 치유로 이끄실 수 있다. 하나님만이 우리에게 새생명과 새로운 능력을 주신다.

우리가 하나님께 모든 것을 맡기고 산다는 것은 우리의 감정적인 문제와 정서적 고통까지도 그 분께 맡기는 것이 포함된다. 우리 자신의 힘으로 해결하려고 애쓰다가는 고통 속에서 벗어나지 못하게 된다.

우리가 온전하게 하나님께 헌신된 삶을 살기 위해서는 먼저 우리의 죄의 문제와 정서적인 문제들을 처리해야만 한다. 우리의 영과 혼과 육, 즉 전인적인 치유가 있을 때에 참된 평안을 누리며 살수가 있는 것이다.

이러한 회복과 치유의 과정은 성인아이 지원그룹을 통하여 잘 진행될 수 있다.

그렇다면 지원그룹이 가지고 있는 역동성은 무엇인가?

V. 지원그룹의 역동성

지원그룹은 역기능 가정에서 성장한 성인아이들에게 건강한 가정의 역할을 해줌으로써 강력한 치유의 역할을 할 수 있다. 그것은 다음과 같은 역동성을 가지고 있기 때문이다.

A. 비슷한 환경과 욕구를 가진 사람들이 참여하고 있기 때문이다.
B. 분명한 목표를 가지고 모이기 때문이다.
C. 안전한 장소에 있다는 안도감을 주기 때문이다.
D. 가면을 벗을 수 있게 만들어 주기 때문이다.
E. 생활중의 정서적 고통을 직면하게 해 주기 때문이다.
F. 생활의 애통의 과정에서 도움을 받을 수 있기 때문이다.
G. 나에게 일어난 일을 이야기함으로써, 자기 고백을 함으로써 치유의 능력을 경험하게 하기 때문이다.
H. 다른 사람을 통하여 나를 보다 분명히 알게 되기 때문이다.
I. 다른 사람들도 나처럼 상처를 받고 있다는 인식자체가 치유에

많은 도움을 주기 때문이다.
J. 나에게 일어난 일을 이해하도록 도와주기 때문이다.
K. 집단(그룹)과의 유대관계를 형성해 주기 때문이다. 즉 친밀감을 느끼게 해주기 때문이다.
L. 고백과 용서를 가능하게 해 주기 때문이다.
M. 새로운 방식으로 생각하고 생활하는 방법을 배울 수 있기 때문이다.
N. 그리스도의 이름으로 모인 두세 사람에 의한 기도가 있기 때문이다.

지원그룹은 비슷한 가정환경과 경험을 가진 사람들이 분명한 목표를 가지고 모인다. 이들이 태어나서 성장한 가정은 안전하지 못했다. 부모가 정서적으로 문제가 있거나 여러 가지 건강치 못한 일들이 있었기 때문이다. 첫번 모임에서 서로가 비슷한 문제를 가지고 있다는 것이 확인되면 안정감을 느끼게 된다. 이것이 가장 큰 위로가 된다. 지원그룹은 실제로 진행할 때에 서로간에 신뢰감과 안전감을 주기 위해서 참가 규칙이 담긴 서약서에 서약을 하고 시작하게 된다.

지원그룹에서 비밀을 서로 털어놓고 말한다고 해서 인도자가 내밀한 비밀스러운 모든 것을 공개해야 한다는 것은 아니다. 투명하게 마음을 열 수 있을 정도로만 개방하면 된다. 인도자가 너무 자신을 다 공개해 버리면 신뢰성의 문제라는 또다른 문제가 일어날 수 있다.

우리는 종종 다른 사람과의 고통을 호소하면 용서하라는 말을 먼저 듣게 된다. 그러나 용서는 그렇게 쉬운 문제가 아니다. 치유를 위해서 먼저 용서가 강요되어서는 안된다. 고통스러운 과거를 들어내어 억눌렸던 그 때의 감정을 처리하는 과정을 거친 다음에야 온전한 용서가 가능해진다. 그러나 과정을 생략한 채 용서의 단계로 넘어가면 피상적인 용서가 된다.

예수님께서 일곱 번씩 일흔 번 용서하라고 하신 말씀을 생각해 보자. 이 말씀은 어떤 사람을 계속해서 용서하라는 뜻도 있다. 그러나 다른 의미도 있다. 예를 들어 지원그룹에 참여해서 아버지에 대한 분노 때문에 고통을 당하다가 다른 사람의 경험을 듣고 아버지를 용서했다고 하자. 그러나 또다른 사람의 경험을 듣다 보면 기억나지 않았던 또다른 분노가 떠오를 때가 있을 것이다. 그러할 때에도 역시 용서해야 한다. 일곱 번씩 일흔 번씩 용서하라는 말씀에는 이러한 의미가 포함되어 있다. 어떤 사람에게 대하여 새로운 아픔을 느낄 때마다, 적개심이나 고통이나 분노를 느낄 때마다 거듭 용서해야 한다는 의미이다.

결과적으로 지원그룹은 하나님과의 친교와 자존감, 그리고 의미 있는 대인관계를 방해하는 정서적, 영적 방해물을 극복하기 위한 성경적이며 실제적인 도움을 제공해 준다.

회복의 과정은 하나의 영적 여행이라고 할 수 있다. 많은 사람들이 이러한 회복운동에 참여하는 것을 양파껍질을 벗기는 과정으로 비유하였다. 우리는 첫 번째 껍질을 벗기고나서 "나는 참 좋아졌다."라고 말한다. 그러나 여행을 계속하다 보면 새로운 고통에 직면하게 되는 것을 발견하게 된다. 그러면 우리는 두 번째 껍질을 벗기게 된다. 이렇게 껍질을 하나하나 벗겨 나가다 보면 우리는 점점 성숙해져가는 자신을 발견하게 되는 것이다.

예수님께서 말씀하시기를 내가 온 것은 너희로 생명을 얻게 하고 풍성한 삶을 누리게 함이라고 했다. 바로 이것이 우리의 영적 여행의 목표이다. 우리 주 예수 그리스도 안에서 참 평안과 풍성한 삶을 누리는 것! 그것이 바로 우리의 목표인 것이다.

왜 치유상담 목회여야 하는가?

(정동섭 박사)

1. 가정 생활을 목회의 우선에 두어야 하는 이유

교회성장 전략상으로도 가정사역 중심의 목회를 해야 하는데, 왜 가정을 중시해야 하는가? 다음과 같이 여섯 가지로 설명할 수 있다.

1) 하나님께서 제일 처음으로 만든 공동체는 가정이다. 결혼은 영적 언약이며, 사회적 계약이며, 개인적 헌약이다. 교회와 국가보다 가정이 먼저 생겼다. 혼인은 상호 복종을 특징으로 하는 관계를 맺음으로 각자가 자신이 아닌 상대를 위해 사는 파격적이고 영구적인 언약이다.

2) 우리의 영성은 가족내의 인간관계를 통해 형성된다. 성령충만 여부가 가정생활에서 제일 먼저 드러난다(엡 5:18-31). 여기에는 성령충만의 세 가지 특징이 나타난다.
첫째, 기쁨이 충만하다.
둘째, 범사에 예수 그리스도의 이름으로 감사한다.
셋째, 그리스도를 경외함으로 피차 복종한다. 에베소서에 보면 먼저 남편과 아내가 피차 복종한다고 말하고 있다. 성령충만을 계속 받고 있다는 증거는 주위에 있는 사람들을 상호복종하는 가운데 섬기는 것이다(Paul Stevens). 참으로 성령충만한지 아닌지는 교회 안에서는 잘 모른다. 그러나 그가 사는 가정에 가 보면 안다. 가정생활을 보면 안다. 부부관계를 살펴보면 안다.
어떤 신앙이 좋다는 분에 대한 이야기를 들은 적이 있다. 그들은 교회에서는 신앙이 좋은 것으로 소문이 나 있었지만, 한번도 부부가 함께 교회를 가고 오는 것을 본 적이 없었다. 그것은 참다운 의미에서 성령충만이 아니다.

3) 성공적인 가정생활이 교회지도자의 자격요건이다(딤전 3:4, 5; 딛 1:6). 하나님은 우리를 기독교사역자로 부르셨을 뿐 아니라 가정사역자로 불렀다. 교회지도자는 가정생활을 잘 하는 사람들이어야 한다.

4) 목회자는 훈계와 행동으로, 모범으로 가르칠 책임이 있다(벧전 5). 목회자는 가정생활분야에서도 양무리의 본이 되어야 한다. 가정(사모와 자녀)도 주의 양무리이다. 설교와 교육, 잘 가르치는 사람임과 동시에 가정생활에서도 모범이 되어야 한다.

5) 교회와 학교 및 선교 단체가 가정을 대신할 수 없다. 하나님은 가정을 교회보다 먼저 창조하셨다. 가정이 되어가는대로 모든 것이 되어 간다. 가정의 많은 전통적인 역할이 다른 기관으로 옮겨가고 있다. 그렇지만 가정의 고유한 기능은 빼앗길 수 없다. 그러므로 교회, 선교단체가 아무리 중요한 역할을 한다 하더라도 가정을 대체할 수는 없다. 가정이 흔들리면 사회, 나라가 흔들린다.

거대하던 소련도 무너졌다. 소련의 이혼율은 80%에 달한다. 미국도 이혼율이 50%를 넘어서고 있다. 우리 나라도 18.2%로 증가하고 있다. 가정이 흔들리지 않도록 붙들 수 있는 기관은 교회밖에 없다.

6) 가정사역은 국내 및 해외 선교, 그리고 교회 성장의 지름길이 된다.

필자는 처음에는 구원파에 **빠졌던** 사람이었다. 그러다가 몰몬교에 **빠졌고**, 다음에는 집안교회라는 중국이단에 **빠졌었다**. 필자는 부끄러운 과거를 가졌던 사람이었다. 그러다가 때가 차매 하나님께서는 나를 사랑의 교회로 보내셨다. 거기서 회심을 체험하게 하셨다. 그리고 이동원 목사님의 교회로 가서 신앙생활을 하게 되었다. 이러한 역경은 나를 훈련시켜 쓰시려는 하나님의 계획이셨다. 특히 상담심리를 전공한 상담심리학자로서, 그리고 가정사역자로서 활동하게 하시려는 계획이셨다.

2. 가정사역이란 무엇인가?

가정사역이란 가정을 세우기 위해서 하는 모든 설교, 교육, 상담 활동을 일컫는다. 가정사역은 전도사역이며, 제자훈련사역이며, 성경 적용사역이며, 예방사역이다.

팀 슬레지 목사님의 경우 지원그룹만을 가지고 교회를 성장시킨 것은 아니었다. 전도에 열심이었고, 예배가 뜨거웠다. 이 모든 것의 근원은 지원그룹이었다.

지금까지 있었던 제자훈련을 보면 가정생활을 구체적으로 가르치지 않았다. 부모의 자녀교육은 제자훈련사역이다. 성경에는 가정을 비유로 해서 말씀하고 있다. 성경 적용사역을 한다면 반드시 가정으로 돌아가게 되어 있다.

가정사역은 예방사역이다.
필자는 시골에서 자랐다. 산에는 절벽이 있었다. 요즘 청소년들이 절망해서 자살 충동을 느끼거나 자살하는 청소년들이 많이 있다. 나도 서울대학을 지원했었다. 그러나 낙방해서 나같은 사람이 살아서는 무엇 하는가 하는 생각이 들었다. 낙심해서 자살충동을 느낀 적이 있었다.

나와 같이 자살충동을 느껴 절벽에서 떨어지는 사람들을 위해서 무엇을 해야 할 것인가? 절벽 밑에서 엠블런스를 준비하는 것보다는 절벽 위에 철조망을 치는 것이 더 나을 것이다. 즉 예방상담이 백배의 효과가 있다. 이것은 교회가 해야 할 일이다.

가정사역에는 예방상담접근, 즉 교육적 접근과 치유 상담접근적

접근이 있다. 이러한 일을 위해 앞으로 교회는,

1) 결혼 예비교육을 해야 한다.
결혼을 하지 않은 사람들에게 미리 결혼과 가정에 대해서 가르치는 것이다. 데이트하는 방법, 부부싸움하는 방법, 싸우고도 함께 이기는 방법, 성생활에 대해서 미리 가르치는 것이다.

2) 부부 역할교육을 해야 한다.
남서울 교회, 할렐루야 교회, 영락교회, 온누리 교회, 지구촌 교회 등이 하고 있다. 성경적 결혼관, 가정관, 아내와 남편의 역할, 부부생활 등에 대해서 가르치는 것이다.

3) 부모역할 교육을 해야 한다.
부모가 어떻게 자녀를 성경적으로 양육해야 하는지를 교육해야 한다.

4) 역기능 가정에서 성장한 성인아이 치유사역에 주력하여야 한다.
치유회복운동(recovery movement)이 팀 슬레지(Tim Sledge)목사의 사역을 중심으로 일어나고 있다. 교회전체를 변화시키는 운동이 바로 회복운동이다. 상처받고 자란 성도들을 어떻게 회복시킬 것인가에 대해서 접근하는 것이다.

3. 목회자들이 교회에서 가정사역을 소홀히 하는 이유 6가지(Charles Sell)

1) 시간 요인(time factor)
시간이 부족해서, 심방, 설교준비, 새벽예배인도 등으로 너무 바쁜 생활을 하고 있다.

2) 경쟁요인(competition factor)

목회자들의 마음속에서 가정과 교회가 경쟁을 벌여 왔다. 교회가 가정보다 중요하다는 이원론적인 생각을 해 왔다. 대체로 보면 여전도회 회장의 남편이 교회생활에 열심을 갖지 못하는 경우가 많다. 불만이 생기기 때문이다. 어떤 교회는 부부생활세미나에 300여명이 모인 적이 있었다. 그런데 남자는 11명밖에 되지 않았다. 그래서 남편들을 어디 있는가 물었더니 우리 교회는 원래 그렇다고 대답하였다. 필자는 그 때 이 교회는 병든 교회구나 하고 생각했다. 가정과 교회가 경쟁하는 교회였다. 교회는 수만 채우면 된다는 생각을 하고 있는 교회였다. 가정과 교회는 경쟁관계가 아닌 공생관계이다.

디도서 1장 10, 11절을 보라. "집들을 온통 엎드러치는도다."라는 말씀이 있다. 이단은 가정을 파괴한다. 그러나 바른 교회는 가정을 바로 세운다. 정통교회에도 가정을 오히려 엎드러치는 교회가 있다. 교회에 아내를 빼앗기는 경우가 많다. 이럴 때 남편들은 교회에 대하여 좋은 감정을 가질 수가 없는 것이다. 성경에 분명히 말씀하시기를 여자의 가르침과 훈계와 교육으로 감동을 받아 남편이 예수를 믿게 된다고 하지 않았다. 말로 말미암지 않고 행위로 말미암아 구원을 얻게 하려 함이라고 했다. 즉, 말보다 행동으로 남편을 변화시킬 수 있는 것이다. 아내가 예수를 믿고 변화된 생활을 할 때에 남편이 예수를 믿게 되는 것이다.

3) 프라이버시(privacy factor) - 당혹요인

목회자의 부부관계가 좋지 않을 경우 그 목회자는 가정사역을 꺼려하게 된다. 즉, 목회자의 가정에 문제가 있기 때문이다. 추상적인 설교만을 할뿐이다. 구체적인 자신의 경험을 이야기하지 못한다. 여기에는 감동이 없다. 모범이 없기 때문이다. 한국의 경우를 보면 가정의 달이 되어야 겨우 가정에 대해서 설교를 할뿐이다.

성경에 보면 "남편된 자들아 지식을 따라 아내와 동거하고 아내를 더 연약한 그릇으로 알아 귀히 여기라. 생명의 유업을 함께 받을 자로 여기고 귀하게 여기라"고 했다.

목회자가 아내와의 관계가 친밀하고 자녀와의 관계가 친밀할 때에 떳떳하게 공개할 수 있다.

4) 결과요인(results factor)

가정사역을 해 보았더니 결과가 별로 좋지 않더라는 생각을 말한다. 이러한 생각 때문에 가정사역을 멀리 하는 목회자들이 있다.

5) 불신요인(distrust factor)

성경은 20세기 가정에 대하여 할 말이 별로 없다는 신념을 말한다. 가정사역은 특별한 전문가들이나 할 일이지, 목회자가 할 일이 아니라고 생각한다. 현대 사회에서 일어나는 가정적인 문제, 성의 문제에 대해서 성경은 해답이 없다는 불신 때문이다.

6) 능력요인(competence factor)

능력의 부족 때문이다. 목회자가 훈련을 받을 기회가 없기 때문이다. 가정생활에 대한 교육이 신학교에서 시작된 것은 10전부터이다.

교회성장전문가들이 제시하는 21세기 목회전략은 치유상담목회와 가정 중심목회여야 한다는 것이다.

4. **현대가정의 진단**(Charles Sell): **할례주의, 인본주의, 민주주의, 개인주의, 낭만주의**

전통적인 가정은 확대가정이었다. 현대가정의 전형적 구조는 핵가족(nuclear family)이었으나 현대후기에는 다양한 가족형태가 공존하고 있다. 이러한 가정들의 특징은 다음과 같다.

1) 혼란스럽고 불안정하다(troubled and unstable):

이혼, 가출, 폭력의 증가, 핵가족에서는 자녀를 위해 부모의 행복을 희생했으나 현대후기에는 부모의 행복을 위해 자녀를 희생한다.

2) 전통적 성역할의 붕괴(가족주의 사상의 약화):
성역할이란 한 개인이 그가 속한 문화권에서 여자 또는 남자로서 가지는 성격특성, 태도, 선호경향, 행동 등을 총체적으로 일컫는 개념을 말한다. 일반적으로 성역할에 대해서는 다음과 같은 견해들이 있었다.

(1) 강요된 권위(enforced authority); 남편은 소유주; 아내는 소유물

(2) 전통적인 유형(traditional model); 남편은 권위로 통제하고 아내는 순종함; 아내는 보완, 돕는 배필. 남편은 경제부양, 직업역할, 문제해결, 과업수행 등 도구적 역할을, 아내는 정서적 안정, 긴장완화, 아동양육, 가족관계통합 등 표현적 역할을 담당, 결정권이 남편에게 있음. (universal role definition; father as breadwinner, mother as homemaker, children as students.)

(3) 인류평등주의(egalitarian model): 가치 역할 모두 평등. 시민권리운동(civil rights movement), 여권운동(women's movement)의 영향으로 상호책임과 권위의 분위기로 전환되었다. 부부직업형(dual career), 역할공유형(role sharing), 역할전환형(role reversal)은 평등주의에서 가능한 역할유형이다.

(4) 동반자 관계(moderate traditionalism or companionship): 사랑과 신뢰: 지배와 복종, 권력과 무기력의 구조가 상호봉사와 상호복종의 역학관계로 바뀐다. 부인의 사회진출과 역할이 경우에 따라 인정되나 남편의 가족내 역할보충이 일어나지 않는다.

부부 또는 부자간의 권위의 질서가 "일방적 권위"(unilateral authority)에서 상호적인 권위(mutual authority)로 전환하고 있다. 낭만적 사랑(romantic love)에서 중론적 사랑(consensual love)으로 전환되고 있다. 남자는 강하면서 부드러울 수 있고, 여자는 경건하면서 동시에 육감적(관능적)일 수 있다.

3) 현대 부모들은 자녀교육에 자신이 없다.

현대사회에서의 부모역할(parenting)은 과거보다 더 어렵다. 부모 모두 자녀를 위해 시간내기 어렵다. 아버지는 가정과 직장 사이의 조화를 찾기 어렵다. 자녀에 대한 TV, 또래집단의 영향력이 증가하였다: 부모와의 갈등으로 인한 가출, 학교중퇴, 마약남용, 자살, 비행, 폭력증가, 아이들은 그들의 놀이와 운동과 여가시간을 박탈당하고 있다. "할아버지들은 무슨 일을 하든 권위를 갖고 하셨다. 우리는 무슨 일을 하든 망설이면서 한다. 실수를 할 때에도 할아버지는 확신을 갖고 하셨다. 우리는 올바른 일을 할 때에도 의심을 갖고 한다"(Haim Ginnott).

4) 역기능 가정(逆機能 家庭)이 늘고 있다.

역기능가정은 문제인물(problem person: King Baby: 알코올중독, 폭력, 일 중독, 정신질환, 성 중독)에 주의와 관심이 집중되는 가정이다. 부부관계의 안정성 여부, 폭력성 여부, 정신건강여부가 한 세대에서 다음세대로 전수된다. 건전치 못한 불문율(경직된 가족규칙이 가족체계를 지배함: Don't trust; Don't talk; Don't feel.).

사람은 친밀감의 욕구, 힘의 욕구 (지배의 욕구), 의미욕구를 충족시키기 위해 결혼하는데, 이와 같은 타당한 욕구가 비정상적으로 충족되는 가정을 역기능가정이라 한다.

버지니아 사티어(Virginia Satir)는 모든 역기능 가정에는 4가지 공통점이 있다고 지적했다.

가. 자존감(self-esteem)이 낮다.
나. 의사소통(communication)이 간접적이고, 모호하며, 솔직하지 않다.
다. 가족 역할(family rule)이 경직되어 있으며, 비인간적이며, 타협의 여지가 없다.
라. 가정과 사회와의 관계가 두려움과 저자세와 투사적인 자세로

가득차 있다.

　5) 이단과 사이비종교가 증가하여 가정을 파괴하고 있다(딛 1:10-11)
　우리 나라에는 현재 300개가 넘는 사이비종교가 공존하는 것으로 보고되고 있는데, 그 중에서 78개 정도는 기독교에서 파생된 이단이고, 80개 정도는 불교계통의 신흥종교이고, 나머지 100여 개는 토속신앙에 뿌리를 둔 증산도, 대순진리회와 같은 신흥종교들인 것으로 집계되고 있다. 국내에서 자생적으로 생긴 이단, 외국에서 들어온 이단, 토속종교에서 파생된 이단이 있다.

　그러면 어떤 사람이 이단에 미혹되는가?
　가. 불행한 가정에서 성장한 자녀가 이단에 미혹될 수 있다.
　나. 결혼생활이 불행한 중년부부가 이단에 미혹될 수 있다.
　다. 정통교회에서 시험받은 그리스도인이 이단에 미혹될 수 있다.

5. 교회내의 가정사역은 소그룹중심으로 하는 것이 효과적이다.

　"그러므로 사랑을 입은 자녀같이 너희는 하나님을 본받는 자가 되고 그리스도께서 너희를 사랑하신 것같이 너희도 사랑 가운데서 행하라"(Be imitators of God… and live a life of love, 엡 5:1,2)
　우리는 어떻게 그리스도를 본받으며 닮을 수 있는가?

　1) 예수님은 역사상 가장 위대한 소그룹 지도자(small group leader)였다.
　　(1) 예수님은 소그룹, 즉 12제자를 세움으로 지상사역을 시작하셨다.
　　(2) 예수님은 대그룹과 소그룹 사역에 적극적으로 참여하셨다.
　　(3) 큰 무리를 향한 예수님의 사역은 언제나 소그룹에서 시작되었다(막 3:7).

(4) 예수님은 그의 대부분의 시간을 그의 소그룹과 함께 보냈다.
(5) 조직이나 기관이 아닌 그의 관계가 그의 사역방법의 중심이었다.
(6) 예수님은 영적 지식과 태도 또는 행동을 가르치고 예시하기 위해 소그룹을 사용하셨다.
(7) 소그룹은 예수님의 지도자 훈련방법이었다.

2) 초대교회는 주로 가정에서 모이는 소그룹이었다(행 2:46; 5:42; 20:20; 롬 16: 3-5; 몬 2).

A.D. 274-337년 콘스탄틴(Constantine) 대제 이후 교회는 사람의 모임(body of people)이 아닌 건물(building)로 변하였다.

Be devoted and give preference to one another(롬 12:10)
(형제를 사랑하여 서로 우애하고 존경하기를 서로 먼저 하며 부지런하여 게으르지 말고 열심을 품고 주를 섬기라.)
Accept one another(롬 15:7)
(너희도 서로 받으라.)
Care for one another(고전 12:25)
(서로 돌아보게 하셨으니.)
Bear one another's burdens(갈 6:2)
(너희가 서로 짐을 지라.)
Forgive each other(엡 4:32)
(서로 용서하라.)
Encourage…and build up one another(살전 5:11)
(그러므로 피차 권면하고 피차 덕을 세우기를 너희가 하는 것같이 하라.)
Stimulate one another to love and good deeds(히 10:24)
(서로 돌아보아 사랑과 선행을 격려하며.)
Confess your sins to…and pray for one another(약 5:16)
(너희 죄를 서로 고하며 병 낫기를 위하여 서로 기도하라.)
Serving one another(벧 4:10)

(서로 봉사하라.)
Love one another(요일 4:11)
(서로 사랑하라.)

이와 같은 성경적 태도와 행동을 추구할 수 있는 가장 좋은 환경이나 이상적인 방법은 무엇인가?(행 20:20-21). 지역교회에서 소그룹은 필수불가결한 것이다.

교회 안에서의 소그룹이란 기독교의 덕성함양과 친교의 나눔을 목적으로 세 사람에서 열두 사람이 자원적이며 의도적으로 모이는 모임이다.
(A small group within the church is a voluntary, intentional gathering of three to twelve people regularly meeting together with the shared goal of Christian edification and fellowship.)
소그룹은 성경적인 사랑, 친교, 그리고 연합을 촉진시키며, 그리스도의 몸을 세우고 영적 은사를 양성하기 위하여 존재한다.
(The small group exists to foster biblical love, fellowship and unity, build the body and nurture spiritual gifts.)

● 네 가지 형태의 그룹이 있다.

1) 내용중심의 그룹(content-oriented groups: Bible study and discussion)
2) 과업중심의 그룹(task-oriented groups: committees and planning groups, evangelism groups)
3) 과정중심의 그룹(process-oriented groups: caring group, support group, growth group)
4) 욕구중심의 그룹(need-oriented groups: recovery group, battered women, singles group)

6. 사람을 어떻게 변화시킬 수 있는가?

   영성훈련: 성경연구, 기도, 예배, 전도, 봉사, 청지기, 금식, 침묵, 독거, 교제, 일기

   1) 관계적 접근(Relational Approach)을 통하여
   2) 심리역동적 접근(Psycho-dynamic Approach)을 통하여
   3) 도덕적 영적인 접근(Moral/spiritual Approach)을 통하여

7. 성인아이는 어떻게 변화시킬 수 있는가?

   1) 감정의 표현(emotional expression)
   2) 고통의 재해석(re-interpretation of pain)
   3) 용서와 분노의 표출(forgiveness and release of anger)

<추천도서목록>
- 정동섭. 「어느 상담심리학자의 고백」. 한국기독학생회출판부, 1994.
- _____. 「어떻게 사람을 변화시킬 수 있는가?」. 요단출판사, 1996.
- 찰스 셀. 「아직도 아물지 않은 마음의 상처」. 두란노, 1992.
- 데이브드 씨맨즈. 「상한 감정의 치유」. 두란노, 1990.
- 최현주. 「위장된 분노의 치유」. 규장, 1995.
- 팀 슬레지. 「가족치유, 마음치유」. 정동섭 역. 요단출판사, 1996.
- 노만 라이트. 「당신의 과거와 화해하라」. 죠이선교회, 1995.
- 휘트필드. 「잃어버린 자아의 발견과 치유」. 도서출판 글샘, 1995.

성인아이 지원그룹과 인도자의 역할

(노용찬 목사)

일반적으로 치유 그룹은 성격과 목적에 따라 다음과 같이 크게 세 가지로 나뉘어 집니다.

1. 중독자를 위한 그룹(Sobriety Group) : 이것은 알코올중독이나 약물중독과 같은 아주 심한 중독적인 행동을 치유하기 위한 그룹입니다. 예를 들면 AA 그룹과 같은 것입니다.

2. 회복을 위한 그룹(Recovery Group) : 이 그룹은 중독적이며 충동적인 행동에 초점을 맞춘 그룹입니다. 어린 시절의 문제, 예를 들면 학대, 근친상간과 같은 성적 학대, 역기능 가정에서의 가족관계, 애정결핍 등과 같은 어린 시절의 문제들을 주로 다룹니다. 여기서 "회복"이라는 말은 "잃어버린 것을 되찾다", "어린 시절의 상처나 고통으로부터 자유 하게 되다"라는 의미를 담고 있습니다.

3. 지원 그룹(Support Group) : 이 그룹은 어린 시절의 문제보다는 일시적으로 일어난 문제들을 주로 다룹니다. 질병, 슬픔, 무능력하거나 의존적인 성인들을 위한 돌봄, 혼란된 가족의 문제들을 주로 다룹니다.

이렇게 성격과 목적에 따라 다르게 구분되는 치유 그룹은 통틀어서 지원그룹이라고 부르기도 합니다. 이 책은 위의 구분에 따라 엄격하게 구분한다면 회복그룹을 중심으로 하고 있다고 볼 수 있습니다.

그렇다면 성인아이 치유 그룹의 목표는 무엇이며, 이러한 그룹을 인도하는 인도자는 어떤 사람이어야 하는가?

성인아이 지원(치유) 그룹의 목표

1. 그룹원들이 어린 시절 경험한 문제들과 감정들을 알고 이해하도록 돕고자 하는 것입니다.

역기능 가정에서 자란 자녀들은 정서적인 고통을 안고 있습니다. 그 고통은 너무나 충격적이고 지속적이기 때문에 아이들은 그 감정은 감추어 버리려고 합니다.

성인아이는 자신의 감정을 드러내는 것을 두려워합니다. 성인아이 지원그룹은 성인아이들이 감정을 숨기고 있음을 깨닫게 하여, 그 감추어진 감정을 다시 회복하는 것을 돕도록 계획되었습니다.

그룹의 목표는 각각의 사람들이 "이것이 내가 느끼는 감정이야. 이것이 내가 그렇게 느끼는 이유야"라고 자신의 감정과 생각을 숨김없이 말할 수 있도록 돕는 것입니다.

2. 그룹원들이 과거가 어떻게 현재 그들에게 영향을 주고 있는지를 이해하도록 돕고자 하는 것입니다.

역기능 가정에서 자란 사람들은 실제로 일어난 어떤 사건을 부정하는 것을 배웁니다. 이것은 개인적으로 자신의 고통스러운 과거나 그것이 자신에게 주는 영향을 부정하게 합니다. 예를 들어 "나는 알코올 중독자 가정에서 자랐지만, 그것이 나에게 아무런 영향도 주지 않았어."라고 생각하는 것입니다.

성인아이 지원그룹은 과거의 고통과 현재의 행동이 어떤 관계가 있는지를 알도록 도와줍니다. 예를 들어 성인아이는 자신이 자란 가정으로부터 만들어진 수치심의 영향을 받으며 살아간다는 사실을 깨닫게 해주어 거기서 벗어날 수 있도록 도와주려는 것입니다.

3. 그룹원들이 다른 사람들도 같은 문제들과 감정들을 가지고 있

다는 것을 이해하도록 돕고자 하는 것입니다.

역기능 가정에서 자란 사람들은 자신의 가정의 문제를 좀처럼 말하려고 하지 않습니다. 그러한 문제는 알코올중독, 정서적이거나 육체적이거나 성적인 학대, 섹스 중독, 혹은 그 외의 충동적인 행동들일 수 있습니다. 역기능 가정의 규칙은 "절대로 그런 문제들을 밖에서 말해서는 안된다"는 것입니다. 그러나 그런 문제들을 말하지 않으려고 할 때에 스스로 고립되게 됩니다.

성인이 되어도 가정의 문제는 마음 깊숙한 곳에 비밀로 남아 있게 되고, 그것은 수치심으로 자리가게 됩니다. 그 수치심은 계속 그 사람을 괴롭히게 됩니다.

성인아이 지원그룹은 다른 사람의 어린 시절에 대한 이야기를 들으면서 그러한 문제가 자신만이 가지고 있는 문제가 아니라는 사실을 깨닫도록 도와줍니다. 스스로 고립되게 하였던 닫혔던 마음을 열고 과거의 고통스러운 기억을 직면하도록 하여 치유를 경험하도록 이끌어 줍니다.

4. 그룹원들이 감추어진 과거의 아픈 감정들을 드러내어 치유와 용서를 경험하도록 돕고자 하는 것입니다.

어린 시절에 너무나 충격적인 사건을 경험한 어린아이들은 마음의 문 자체를 닫아 버리는 경우가 많습니다. 아예 느끼지도 않으려 하며, 모든 감정과 고통을 무의식 속에 묻어 버립니다. 그러나 이러한 '기억되지 않는 기억'은 자신도 모르게 생각과 행동에 엄청난 영향을 미칩니다.

이러한 감추어진 기억들은 성인아이 지원그룹에서 서로가 어린 시절의 경험들을 나눌 때에 되살아나게 되며, 그것을 있는 그대로 직면할 때에 치유를 경험할 수 있게 됩니다.

5. 그룹원들이 신뢰와 정직과 무조건적인 사랑의 분위기를 경험하도록 돕고자 하는 것입니다.

성인아이들은 종종 다른 사람이 자신의 내면적인 문제를 알면 자신을 좋아하지 않을 것이라고 생각합니다.

　성인아이 지원그룹은 신뢰와 안정과 사랑의 분위기를 만들어 줌으로써 마음놓고 정서적인 문제와 고통들을 이야기하게 함으로써 치유로 향하게 합니다.

　6. 그룹원들이 하나님과의 친교를 방해하는 정서적, 심리적, 영적 방해물들이 무엇인지를 알고 그것을 제거하도록 돕고자 하는 것입니다.

　어떤 사람의 하나님에 대한 관점은 대부분 부모의 모습에 의하여 영향을 받습니다. 역기능 가정에서 자란 성인아이는 올바른 하나님에 대한 관점을 가지기가 어렵습니다. 그러므로 하나님과 친밀한 관계를 갖지 못합니다.

　역기능 가정에서 자란 성인아이는 부모에 대한 분노와 미움 때문에 하나님의 사랑을 인격적으로 받아들이지 못합니다. 성인아이 지원그룹은 부모의 모습과 하나님의 모습을 구별할 수 있도록 도와줍니다.

　역기능 가정으로부터 만들어진 사고와 행동양식은 그리스도인들의 신앙생활에 매우 큰 영향을 줍니다. 예를 들어 완벽주의는 하나님과의 관계에 만족감을 갖지 못하게 합니다. 성인아이 지원그룹은 하나님과의 관계를 방해하는 것이 무엇인가를 이해할 수 있도록 도와줍니다.

　7. 그룹원들이 희망과 치유의 느낌을 경험하도록 돕고자 하는 것입니다.

　성인아이 지원그룹이 모든 정서적인 문제를 해결해 주는 것은 아닙니다. 다만 성장과 치유의 과정을 계속해 나갈 수 있도록 도와주려는 것입니다. 그룹원들은 역기능 가정의 문제를 이해하고, 계속적인 성장과 치유에 대한 희망을 갖게 될 것입니다.

성인아이 지원 그룹 인도자의 역할

성인아이 지원 그룹을 인도하는 자는 적어도 다음과 같은 사람이어야 합니다.
1. 신앙심이 깊고, 기도하는 자여야 하며, 하나님께서 원하시는 것은 언제든지 순종하고자 하는 자여야 한다.
2. 기독교적 가치관을 가진 자여야 한다.
3. 교회에서 열심히 봉사하는 자여야 한다.
4. 하나님께로부터 소명을 받았다는 소명감이 있는 자여야 한다.
5. 인도자로서 영적인 은사를 받은 자여야 한다.
6. 성경을 잘 아는 자여야 한다.
7. 사람들과의 관계가 원만한 자여야 한다.
8. 비밀을 지킬 줄 아는 자여야 한다.
9. 그룹원들을 돕기 위해 시간과 열심을 낼 수 있는 자여야 한다.
10. 교사로서의 재능이 있는 자여야 한다.
11. 스스로 고통스러운 과거의 문제들을 극복해 가는 과정 중에 있는 자여야 한다.
12. 정서적으로 안정된 자여야 한다.

또한 성인아이 지원 그룹의 인도자는 이미 정서적인 고통의 치유과정을 경험한 사람이 적당합니다. 그러할 때에 그룹원들의 고통을 이해하고 그들을 회복과정으로 잘 인도해 줄 수 있기 때문입니다.

인도자의 역할은 이 그룹에 참여한 사람들을 지원하고, 격려해 주는 것입니다. 꼭 기억해야 할 것은 이 과정은 전문적인 정신과적 치유과정이 아니라는 것입니다. 이 그룹은 다만 참여자들이 자신들의 경험과 고통과 희망을 나누는 안전하게 보장된 가족적인 분위기의 장소 역할을 하는 것입니다.

그룹원은 3명에서 7명이 가장 적절합니다. 결코 7명이 넘지 않도록 하는 것이 좋습니다. 만약 인원이 많은 경우 몇 그룹으로 나누어 진행해야 합니다. 또 너무 친한 친구나 부부, 형제는 같은 그룹에 들어서는 안됩니다.

인도자는 몇 가지 인도자 기술을 익히고 있어야 합니다. 그것은 다음과 같습니다.

경청의 기술 : 인도자는 그룹원이 말할 때 그것을 잘 들어주는 사람이어야 합니다. 그가 사용하는 단어, 말의 높고 낮음, 그리고 자세나 몸동작을 통하여 그가 말하고자 하는 내용과 감정을 이해할 수 있어야 합니다. 그리고 거기에 반응할 수 있어야 합니다.

그룹 규칙 : 인도자는 그룹원들에게 그룹원들간에 지켜야 할 규칙을 세워 주지시켜야 합니다. 그래서 안전하고 격려 받는 분위기에서 자신들의 이야기와 경험을 나눌 수 있습니다. 그러한 규칙 중에는 다음과 같은 것이 포함됩니다.
- 추궁하거나 비판하지 않기
- 따로 따로 말하거나, 충고하거나, 단정하지 않기
- 비난하지 않기
- 남의 말을 가로막거나 끊지 않기

인도자의 인격 : 인도자는 인내심, 친절, 사랑 등과 같은 영적인 덕목을 갖춘 모범적인 사람이어야 합니다. 이러한 인격을 가지고 다른 사람에 대하여 관심과 애정을 보일 때에 다른 그룹원들도 서로에 대한 동정심과 애정을 발전시켜 나갈 수 있습니다.

확신을 가진 정직성과 개방성에 대한 보상 : 그룹원들이 자신의 감정이나 경험을 정직하게 말했을 때 인도자는 칭찬, 격려, 감사 등의 말로 지지해 주어야 합니다. 예를 들면 "김선생님, 이렇게 참석해 주셔서 감사합니다." "당신의 경험을 나누어 주셔서 감사합니다." 등과 같은 말입니다.

개인적인 경험을 나눔 : 인생에서 풍부한 경험만큼 좋은 교사는 없습니다. 그러므로 인도자는 자신의 경험을 그룹원과 기꺼이 나누고자 해야 합니다. 그렇게 함으로써 참여자들은 배울 수 있고, 또 희망을 갖게 됩니다.

신뢰와 헌신에 대한 격려 : 그룹원들간의 헌신과 신뢰는 서로에 대한 안전감을 느낄 때 있게 됩니다. 그룹원들이 안전감을 느낄 때, 그들은 개방적이 되고 또 정직해집니다. 그러므로 인도자는 그룹 안에서 나눈 모든 이야기와 일들은 절대로 밖으로 전해져서는 안된다는 것을 주지시켜야 합니다. 그리고 인도자 자신이 이것을 반드시 지켜야 합니다.

그룹원들간의 조화 : 그룹원들간에 조화가 없으면 절대로 안전감을 느낄 수 없을 것이고, 또 자신들의 감정을 나누려고 하지 않을 것입니다. 그러므로 그들의 태도와 행동에 주의하도록 도와줌으로써 그룹원들간에 서로 조화롭고 화목하도록 도와야 합니다. 인도자는 그룹원들간에 서로 존경하고, 품위를 지키고, 어떤 갈등이 있을지라도 서로 용납하고 관용하도록 언제나 상기시켜 주어야 합니다.

언제나 "지금 여기"와 연관시켜라 : 어떤 사람의 최근의 이야기를 나누는 것은 성장을 촉진시킵니다. 지나간 이야기나 현실과 동떨어진 미래의 이야기는 성장을 방해하거나 자신을 부정하게 만듭니다. 그러나 지금 여기 있는 그대로의 이야기는 정직하게 만듭니다.

감정을 나누도록 유도하라 : 자신의 감정을 나누는 것은 깊은 친교를 하게 만들어 줍니다. 대부분의 사람들은 단순히 사실이나 자신의 판단을 나누는데 익숙해져 있습니다. 그들은 상처를 받을 것을 두려워하기 때문에 자신들의 감정을 드러내지 않으려 합니다. 그러므로 인도자가 먼저 모범을 보임으로써 그렇게 하는 것이 안전하다는 것을 신뢰하도록 도와주어야 합니다.

사랑을 가지고 대면하라 : 그룹원을 무조건 수용해 준다고 해서 좋은 것은 아닙니다. 때로는 사랑하는 마음으로 그의 생각이나 말에 대하여 대면해야 할 필요가 있습니다. 예를 들면 그룹원이 다른 사람에 대하여 적절치 않은 충고를 하거나 비방을 할 때, 다른 사람을 지배하려고 하거나 말을 주의 깊게 듣지 않을 때, 그룹 규칙을 지키지 않을 때와 같은 경우입니다.

갈등이 일어날 경우를 대비하라 : 그룹이 진행될 때에 갈등이 일어나는 것은 당연합니다. 인도자의 역할은 그룹원들간에 일어난 갈등을 건전한 방법으로 해결하도록 돕는 것입니다. 다음은 그룹원들간에 갈등이 일어났을 때 도움이 될 수 있는 내용입니다.

• 당신의 태도를 점검하라 : 문제가 일어나면 그룹원들은 다음과 같이 물어보라. "그 사람이나 상황에 대한 나의 태도는 무엇인가?"

• 문제의 진의를 파악하라 : 첫 번째로 일어난 문제는 결코 진정한 갈등의 이유가 되지 않는다. 사람들은 과거의 감정, 감추어진 일이나 다른 상황에 영향을 받는다. 그룹원들은 "나는"이라는 말을 사용하여 문제를 분명하게 파악해야 한다.

• 당신의 감정을 말하라 : 문제의 핵심을 가장 빨리 파악하는 방법은 감정을 표현하는 것이다. 그룹원들은 "당신은 나에게 _____한 느낌을 주었다."라는 말보다는 "나는 이 문제가 일어났을 때 _____하게 느꼈다."라는 문장을 사용함으로써 더 쉽게 자신의 감정에 초점을 맞출 수 있다.

• 당신이 바라는 것을 요청하라 : 요청은 다른 사람의 성격이 아니라 행동의 변화에 초점을 맞추어야 한다. 요청은 "나는 당신이 너무 늦지 않기를 바래."라는 말보다는 "나는 당신이 그룹에 정시에 도착했으면 좋겠어."라는 말과 같이 될 수 있는 대로 단순해야 한다.

• 협상하고 약속하라 : 갈등은 양자간에 이익이 되는 방법으로 해

결될 수 있어야 하며, 서로가 변화시키기 위하여 노력하겠다는 약속을 해야 한다. 요청은 언제나 타협의 여지를 남겨 놓아야 한다.

　더 자세한 내용은 「성인아이 치유 그룹 인도자 훈련과정」과 「성인아이 치유의 이론과 실제」와 「가족치유와 교회성장」 세미나 실황을 녹음한 카세트 테이프를 참조하시기 바랍니다. 이에 대해서는 인천가정문화원(032-431-0691)으로 문의해 주시기 바랍니다.

크리스천 라이프센터 기독가족상담소 라이프성서아카데미

1. **지원그룹**(Support & Recovery Group)

    가. E. A.(Emotions Anonymous)
    나. A. A.(Alcoholics Anonymous)
    다. G. A.(Gamblers Anonymous)
    라. Overeaters Anonymous
    마. Divorce & Divorcee's Anonymous
    바. Al-Anon
    사. Alateen
    아. Co-Dependents Anonymous
    자. Sexaholics Anonymous

2. **가정생활 세미나**

    가. 결혼예비학교

    나. 부부역할 세미나

        a. 결혼이란 무엇인가?
        b. 가정 - 그 순기능과 역기능
        c. 존경받는 남편이 되려면(남편 역할론)
        d. 사랑 받는 아내가 되려면(아내 역할론)
        e. 부부의 성(性)
        f. 부부 갈등의 원인과 해소법

다. 부모역할 세미나

    a. 자녀들의 심리와 행동이해
    b. 부모와 자녀간의 갈등 원인
    c. 부모와 자녀간의 갈등 해소법

라. 가족치유 프로그램

    a. 부부 워크숍(Marriage Enrichment)
    b. 가족치유를 위한 주말 프로그램

3. 새희망을 위한 성인아이 지원 그룹(성인아이 치유 그룹)

- 개요 : 알코올 중독자 가정이나 기타 다른 역기능 가정에서 성장한 성인아이 회복을 위한 지원 그룹으로, 기간에 따라 16주 과정, 30주과정, 1년과정이 있습니다.
- 대상 : 일반인
- 형식 : 그룹 토의 및 세미나 형식
- "마음의 상처를 치유하는 길 - 12 단계 성경말씀을 통한 상한 감정 치유 워크숍"은 성경의 진리를 따라 우리가 가지고 있는 정서적인 문제와 영적인 문제를 다루며, 특히 모든 사람을 향하신 변함없는 하나님의 사랑을 더욱 깊이 깨닫고 자신에 대한 바른 이해를 하기 위한 모임입니다.
- 이 모임은,
  - 성령의 열매를 맺기 위한 도구를 제공해 줍니다.
  - 고통스러운 과거를 직면할 수 있는 실제적인 방법을 제공해 줍니다.
  - 하나님께 진정으로 자신의 삶을 맡기고 살아가는 방법을 제공해 줍니다.
  - 우리의 모든 삶을 지배하시는 하나님의 의와 능력을 다시 확신할 수 있게 해 줍니다.

- 12단계와 실제적인 크리스챤으로서의 삶의 관계를 강조하며, 그것을 실제 삶 속에서 실천할 수 있도록 도와줍니다.

4. 목회자와 사모를 위한 성인아이 치유 세미나

- 개요 : 목회자와 사모를 위한 프로그램으로서 성인아이에 대한 바른 이해를 바탕으로 목회에 적용할 수 있도록 기초적인 정보 제공을 목적으로 하는 단기 과정이다.
- 대상 : 목회자와 사모
- 형식 : 세미나 및 그룹토의 형식
- 기간 : 4주간

5. 성인아이 지원(치유) 그룹 인도자 훈련과정

- 개요 : 성인아이 치유 그룹과 목회자와 사모를 위한 단기과정을 마쳤거나, 다른 기관에서 상담훈련을 받은 분들로서 성인아이 치유그룹을 인도하기를 원하는 분들을 위한 인도자 훈련과정이다.
- 대상 : 성인아이 세미나를 마친 분, 다른 기관에서 상담훈련을 받은 분
- 형식 : 세미나 및 그룹토의 형식
- 기간 : 8주간

6. 기독교 상담 통신강좌(잃어버린 자아의 발견과 치유)

- 개요 : 치유그룹이나 세미나에 참여하기 어려운 분들을 위한 통신강좌로 본원이 발간한 교재를 가지고 읽기와 쓰기 및 정기적인 전화상담을 통해 스스로를 치유해 가는 워크숍 과정이다.
- 대상 : 일반인
- 형식 : 워크북을 통한 읽기와 쓰기 및 전화상담
- 기간 : 12주간

7. 전화 상담

- 개요 : 가정적인 문제(부부, 자녀간의 문제)나 정서적인 문제를 안고 고통을 당하는 분들을 위한 상담 프로그램이다.
- 대상 : 일반인
- 형식 : 전화 상담
- 기간 : 월요일 ~ 금요일 오전 10시부터 4시까지

8. 출장 강의 프로그램

- 개요 : 교회나 학교, 기관의 요청이 있을 경우를 위한 출장 강의 프로그램이다.
- 대상 : 교회, 학교, 기관
- 형식 : 세미나 혹은 강좌

가. 일회과정(1일 1회)

	주제	소요시간	내용
성인아이 치유세미나	성인아이의 원인과 치유	1시간 30분 ~ 2시간	성인아이의 원인과 치유과정
가정생활세미나	건강한 가정 만들기	1시간 30분 ~ 2시간	가정이란 무엇이며, 가정에서의 부모의 역할과 자녀에게 주는 영향을 이해하고 건강한 가정을 만들어 가기 위한 강좌
건강한 부부생활 세미나	행복한 부부·건강한 가정	1시간 30분 ~ 2시간	행복한 부부생활과 건강한 가정을 세워 가기 위한 강좌
자녀교육 세미나	부모가 변해야 자녀도 변한다	1시간 30분 ~ 2시간	부모와 자녀간의 갈등을 극복하기 위한 신세대 자녀양육법
젊은이를 위한 결혼 강좌	데이트·결혼·가정	1시간 30분 ~ 2시간	결혼을 앞둔 청년들을 위한 강좌로 性, 데이트, 결혼, 가정에 대한 올바른 이해를 심어 주기 위한 강좌

나. 2회 과정(1일 2회 혹은 2일 2회)

구분＼시간	첫째시간	둘째 시간	소요시간
건강한 가정생활 세미나	가정의 역할과 기능	건강한 부부 건강한 가정	각 2시간
건강한 부부생활 세미나	부부갈등의 원인	부부갈등의 해소방안과 행복한 가정 만들기	각 2시간
성인아이 치유 세미나	성인아이란 누구인가?(원인과 특성)	성인아이 치유의 이론과 실제	각 2시간
자녀교육세미나	부모와 자녀간의 갈등 원인	부모와 자녀간의 갈등해소법	각 2시간

다. 3회 과정(1일 3회, 2일 3회 혹은 3일 3회)

구분＼시간	첫째시간	둘째 시간	셋째시간	소요시간
건강한 가정생활 세미나	가정의 역할과 기능	건강한 부부 건강한 가정	건강한 가정의 자녀교육	각 2시간
건강한 부부생활 세미나	부부란 무엇인가?	부부갈등의 원인	부부갈등 해소법과 건강한 가정 만들기	각 2시간
성인아이 치유 세미나	성인아이란 누구인가? (원인과특성)	성인아이 치유의 이론과 실제(1)	성인아이 치유의 이론과 목회에의 적용	각 2시간
자녀교육세미나	부모와 자녀간의 갈등 원인	자녀들의 심리와 행동이해	부모와 자녀간의 갈등 해소법	각 2시간

도서출판글샘 도서안내

마음의 상처를 치유하는 길

이책은 역기능 가정에서 자란 관계로 정서적인 어려움을 겪고 있는 분들을 위한 치유 워크북이다. 교회나 가정사역단체에서 소그룹으로 진행하기에 알맞은 교재로 탁월한 치유 효과를 맛볼 수 있도록 구성되어 있으며, 청년부에서 성경공부 교재로도 활용할 수 있다.

노용찬・유재덕 옮김/값 10,000원

잃어버린 자아의 발견과 치유

지금까지 나온 책들 중에서 가장 알기 쉽게 정리된 성인아이에 관한 책이다.
이 책의 저자는 미국의 저명한 정신과 의사이며, 역기능 가정에서 성장한 성인아이들과 알콜중독자 치료에 권위자이다. 미국에서 100만부가 팔렸던 이 책은 점점 붕괴되어가는 우리의 가정을 회복시키는 데 좋은 지침서가 될 것이다.

휘트필드지음/이인출・김용교옮김/값 6,000원

부모가 변해야 자녀도 변한다

드레이커스는 "훌륭한 자녀를 원한다면, 부모들은 더 좋은 교육자가 되어야 한다"고 하였다. 이 세상의 부모들은 자녀가 성공하기를 바라면서도 자녀들을 올바로 키우려면 어떻게 해야 하는지에 대해서 구체적으로 배우려고 하지 않는다.
이 책은 부모가 꼭 알아야 할 자녀들의 행동과 심리에 대해서 자세하게 설명하고 있어서 좋은 자녀 양육의 지침서가 될 것이다.

노용찬 편저/값 3,500원

**대사명
전도제자훈련
새 생 명**

현재 이 교재는 중국에서 3만부 이상이 보급되었고, 대만, 싱가포르, 홍콩, 인도네시아, 미국 및 러시아 등지의 중국인 교회에서 제자훈련 교재로 사용중이다. 또한 영어와 독일어로도 번역되어서 필리핀과 교회에서 전도와 제자훈련 교재로 사용되고 있다. 이 교재를 집필한 저자는 십여년 간의 중국 현지 선교사로서 전혀 예수를 모르던 자들에게 전도하여 주님을 영접하게 하였고, 제자로 훈련시키고 있다.

이벤허 지음/값 3,000원(개정판은 변경될 수 있음)

**대사명
전도제자훈련
새 생 활**

새생명을 통하여 주님을 영접한 후의 기초적인 제자훈련을 받은 신자들이 어떻게 구체적인 신앙생활을 해야 하는가에 대해서 배울 수 있도록 구성된 제자훈련 교재이다.

특히 예수님을 영접한 후 변화된 새생활을 원하는 신자들을 육성하기 위한 좋은 교재이다.

이벤허 지음/값 3,000원(개정판은 변경될 수 있음)

**전도용소책자
오 대 진 리**

전도대원들이 전도를 위해서는 복음의 핵심을 알기 쉽게 설명한 도구가 필요하다.
전도현장에서 수많은 적용과 수정을 거듭한 끝에 발간된 이 작은 책자는 좋은 복음전도의 도구가 될 수 있다.
뒷면에는 교회를 알릴 수 있는 스티커를 붙일 수 있게 되어 있다.

이벤허 지음/값 500원

| 알기쉽고
재미있는
구약역사 이야기 | 성경을 읽으면서 가끔 역사적 배경의 혼란으로 어려움을 겪는 때가 있다. 그런데 시중에 나와있는 역사서들은 읽기에 딱딱하고 어렵다. 이 책은 성인으로부터 학생들에게 이르기까지 구약성경의 역사를 이야기식으로 알기쉽게 요약해 놓아서 누구라도 재미있게 읽을 수 있다. 특히 교회학교 교사들이나 구역강사들에게 좋은 참고서가 될 것이다.

노용찬 엮음/값 4,000원 |

| 천방지축
중학생을
휘어잡는 법 | 이 책은 중등부 학생들을 이해하기 위한 신체적, 사회적, 정신적, 영적인 특성을 잘 설명해 주고 있다. 그리고 그러한 이해의 바탕에서 어떻게 중학생들을 다루어야 하는지에 대해서도 매우 구체적으로 이해와 방법을 제시하고 있다.
후반부에는 여러가지 활동프로그램들을 소개하고 있어서 중등부 교사들에게 유용하고 실제적인 지침서가 될 것이다.

라이스 지음/박종석 옮김/값 4,500 원 |

| 신약성서가
가르쳐 주는
기쁨 | 우리는 기독교의 믿음과 사랑에 대해서는 많이 듣고 배워왔다. 그러나 기쁨에 대해서는 구체적으로 생각하거나 배운 적이 드물다. 우리가 지니고 있는 기쁨은 세상의 것과 다르다. 예수 그리스도께서 전해 주신 기쁨은 과연 어떤 것인가? 신약성경은 이에 대해서 무엇이라고 말하고 있는가? 이 책은 이러한 질문에 대하여 구체적이고 정확한 답을 제시해 주고 있다.

윌리엄모리스지음/노용찬・김석만옮김/값3,800원 |

사도 바울과 요한에 대한 새로운 이해

A. M. 헌터는 이 책에서 자서전적인 형식으로 사도 바울이 "제5복음서의 저자"라 할 수 있으며, 그의 생애를 평가해 볼 때 최고의 성서 인물이었음을 밝혀주고 있다. 그리고 여러 교회들에게 보낸 서신들을 토대로 사울의 삶을 저술가, 해방자, 목회자, 신학자, 친구, 그리고 한 성인으로 설명하고 있다. 2부에서는 사도 요한에 대한 새로운 조명과 성만찬과 성령, 기도와 설교, 찬송, 믿음과 소망에 대해서 설명해주고 있다.

A.M.헌터지음/노용찬 옮김/값4,500원

예수님의 교훈내용과 그 방법

예수님은 과연 누구에게 무엇을 어떻게 가르치셨을까?
탁월한 미국의 신약성서학자인 스타인은 이 문제에 대해서 뛰어난 학문적 통찰력을 가지고 설명하고 있다.
교회학교 교사는 반드시 읽어야 할 필독서이며, 목회자, 구역강사들에게는 좋은 참고서가 될 것이다.

스타인 지음/유재덕 옮김/값 6,000원

구소련의 민족과 종교

선교를 위해서는 그 지역의 문화와 종교를 이해하는 것은 필수적이다.
구 소련이 붕괴된 이후 그 지역에 대한 서적들이 많이 나왔으나, 다양한 민족들로 구성된 그 지역의 민족과 종교에 대해서 알기쉽게 기술한 책은 드물다.
이 책은 구소련지역을 선교하려는 교회들에게 좋은 지침서가 될 것이다.

조상현 지음/값 3,000원

성인아이 지원그룹
인도자 훈련과정

노용찬 편저/값 8,000원(바인더)

역기능 가정에서 성장한 성인아이들을 치유하기 위한 치유그룹 운영의 이론적 배경과 실제적인 내용들을 설명하고 있으며, 지원그룹 인도자는 어떤 사람이어야 하며, 어떤 이해와 기술들을 가지고 있어야 하는지에 대해서 자세하게 설명하고 있다.

이 책은 성인아이 지원그룹 인도자 훈련과정에 등록하여 소정의 훈련을 받은 분들에게만 배포되며, 유사한 상담훈련을 받은 분들에게는 주문에 의해서만 판매하고 있다.

가족치유와
교회성장

카셋트 테이프(한질 90분 4개)/값 10,000원

이 땅의 가정에 위기가 닥치고 있다. 교회는 이러한 가정을 회복시킬 책임이 있다. 그러면 어떻게 할 것인가? 이에 대한 목회적 방법을 모색하기 위해 열렸던 인천가정문화원의 첫번째 세미나 내용을 녹음한 것이다.

  1. 성인아이의 원인과 치유원리 - 팀 슬레지 박사
  2. 왜 치유상담 목회여야 하는가? - 정동섭 박사
  3. 성인아이 지원그룹 운영의 이론과 실제 - 노용찬 목사

옮긴이 소개

_노용찬

서해안의 작은 섬 선감도에서 태어나 인천에서 성장하였으며, 제물포고등학교, 서울신학대학교(B.A.)와 동대학원(M.A.), 연세대학교연합신학대학원에서 목회상담학(Th.M.) 석사과정을 졸업하고 박사과정을 수료하였다(Th.D. cand.).
저역서로는 〈신약성서가 가르쳐주는 기쁨〉, 〈알기 쉽고 재미있는 구약역사 이야기〉, 〈사도 바울과 요한에 대한 새로운 이해〉, 〈부모가 변해야 자녀도 변한다〉, 〈교회에서 상처받은 영혼의 치유〉 등 다수가 있다.
그 동안 목회상담과 가정치유사역자로서 두란노가정상담연구원 강사와 연세상담실 전문상담사로 일해 왔으며, 현재 한국목회상담협회 목회상담전문가 기독가족상담소 공동대표 서울신학대학교 평생교육원 강사로 활동하면서 가정회복운동과 내면치유와 상담사역에 전념하면서 목회자로서 서호교회 담임목사로 섬기고 있다.

_유재덕

서울에서 태어나
서울신학대학교와 연세대학교 연합신학대학원(Th.M.)에서 수학하였으며, 기독교교육학박사학위(Ph.D.)를 취득하였다.
그의 주요 논문은 〈기독교교육과 신경과학의 대화〉, 〈두뇌기반 기독교육의 연구〉, 〈몸의 영성과 기독교교육〉 등이 있고, 저서는 〈5시간 만에 읽는 재미있는 교회사〉, 〈기독교교육의 시선〉(공저) 등이 있다. 그리고 역서로는 〈공적신앙과 실천신학〉(공역), 〈교육의 목적〉, 〈기독교교육사〉, 〈고대세계의 교육사상〉, 〈현대종교교육의 지형과 전망〉등 다수가 있다. 현재 서울신학대학교와 연세대학교 등에서 강의하고 있다.

이 책은 역기능 가정에서 성장한 성인아이들(Adult Children)의 치유와 회복을 돕기 위해 발간되었습니다.
크리스천라이프센터와 기독가족상담소는 건강하고 행복한 가정생활문화를 만들어가는 일을 위해 설립되었습니다. 또한 이 일에 동참하는 분들을 위한 교육과정으로 크리스천 카운슬러 교육과정과 가족자원봉사운동, 그리고 작은 교회 목회자 모임인 겨자씨 모임도 함께 이끌어가고 있습니다.
라이프성서아카데미는 가정의 치유와 회복을 통한 건강한 가정과 기독교생활문화를 만들어가기 위한 각종세미나와 생활훈련 및 성경공부를 위해 설립되었으며, 서호교회 안에 있습니다.

성인아이 치유를 위한 12단계

Copyright ⓒ 1996, 도서출판 글샘

발행인 : 유선호
옮긴이 : 노용찬, 유재덕
초판발행 : 1996년 3월 30일
3쇄발행 : 2007년 4월 16일
등록번호 : 제124호
ISBN : 978-89-9135-806-5

*이 책은 RPI와의 협약에 의하여 출간한 것입니다. 그러므로 본사의 허락 없이 내용의 일부를 복사, 전제, 또는 인용을 할 수 없습니다.

총판 : 하늘유통 031) 947-7777